Andreas Müller
23.07.2025

ANSELM GRÜN

Von der **Kraft des Anfangs**

ANSELM GRÜN

Von der Kraft des Anfangs

Was wir von den ersten
Christen lernen können

Vier-Türme-Verlag

Bibliografische Information der Deutschen Nationalbibliothek
Die Deutsche Nationalbibliothek verzeichnet diese Publikation in der Deutschen Nationalbibliografie. Detaillierte bibliografische Daten sind im Internet über http://dnb.d-nb.de abrufbar.

1. Auflage 2019
© Vier-Türme GmbH, Verlag, Münsterschwarzach 2019
Alle Rechte vorbehalten

Lektorat: Maria Gondolf
Umschlaggestaltung: Matthias E. Gahr
Druck und Bindung: CPI Books GmbH, Leck
ISBN 978-3-7365-0223-9

www.vier-tuerme-verlag.de

Inhalt

Einleitung 7

1. Der Sinn der Himmelfahrt Jesu 15

2. Das Beten der Gemeinde 18

3. Die neue Sprache an Pfingsten 23

4. Miteinander glauben 31

5. Auferstehungserfahrungen 36

6. Aus dem Geiste Jesu leben 43

7. Die Umkehr des Saulus 48

8. Die Botschaft der Träume 55

9. Vor den Juden predigen 62

10. Durch Drangsale in das Reich Gottes eingehen 70

11. Konfliktlösung in der Kirche 75

12. Die Purpurhändlerin Lydia 81

13. Das Lob Gottes zerbricht die Fesseln 85

14. Die Areopag-Rede – im Dialog mit der Philosophie angemessen vom Glauben sprechen 89

15. Paulus in Korinth 99

16.	Paulus in Ephesus	103
17.	Die Abschiedsreise und das Vermächtnis des Paulus	107
18.	Paulus in Jerusalem	115
19.	Die Reise nach Rom	122
20.	Die Heilungsgeschichten in der Apostelgeschichte	128

Schluss 133

Literatur 141

* Apostelkämpfe für eine neue Menschlichkeit!

Einleitung

Gerne lese ich in der Osterzeit immer die Apostelgeschichte. Ich liebe die Art und Weise, wie Lukas das Entstehen der Kirche erzählt. Lukas ist für mich ein begnadeter Schriftsteller. Er hat ein Geschick, durch Erzählungen theologische Aussagen zu formulieren. In der Theologie nannte man das in den sechziger Jahren »narrative Theologie«, das heißt »erzählende Theologie«. Die erzählende Theologie begnügt sich nicht mit theoretischen Begriffen. Sie erzählt das Wirken Gottes. Und im Erzählen werden das Wesen Gottes und das Wesen des Menschen offenbar. In den Erzählungen der Apostelgeschichte zeigt uns Lukas, wie er Jesus versteht, was ihm an Jesus wesentlich ist und wie er das Wirken Jesu nach seinem Tod und seiner Auferstehung sieht. Das bedeutet auch: wie er das Wirken Jesu nicht nur damals, sondern auch heute versteht. Und im Bild Jesu und im Bild der Apostel wird zugleich sichtbar, wie Lukas den Menschen versteht. So hat der französische Exeget Jean-Paul Benoit 1957 seinen Kommentar zur Apostelgeschichte »Combats d'Apotres pour une humanité nouvelle« genannt. Lukas zeichnet uns in der Apostelgeschichte das Bild einer neuen Menschlichkeit, einer neuen »Humanität«. In einer Zeit, in der die griechische Kultur in Rom unter Kaiser Nero und seinen Nachfolgern erste Zeichen einer Dekadenz zeigte, beschreibt Lukas das Ringen der Apostel um ein neues Menschenbild, das sowohl die jüdische als auch die griechische Weisheit verkörpert: Den gerechten, guten und edlen Menschen, dessen Gesicht – wie das des Stephanus – »wie das Gesicht eines Engels« (Apostelgeschichte 6,15) erscheint.

Es sind für mich spannende Szenen, die Lukas uns in der Apostelgeschichte erzählt. Sie sind für mich Bilder für eine befreiende Spiritualität. Eckhard Plümacher hat Lukas als hellenistischen Schriftsteller beschrieben. Zur Kunst eines hellenistischen Schriftstellers gehört es, dramatische Episoden zu erzählen. Lukas beherrscht diese Kunst. Mit diesen meisterhaft erzählten Episoden möchte Lukas abstrakte Aussagen für die Leser verständlich machen.

Es geht ihm in den einzelnen dramatisch erzählten Geschichten darum »das stets erfolgreiche, und von keiner Macht der Welt ernsthaft aufzuhaltende Voranschreiten der christlichen Mission und die allenthalben augenfällige Überlegenheit ihrer Repräsentanten« darzustellen. (Plümacher, 101)

Die große Wirkung der Verkündigung Jesu gegenüber der staatlichen Macht, gegenüber den Vertretern griechischer Bildung und gegenüber dem griechischen Götterkult hätte Lukas kaum durch theoretische Argumente glaubhaft vermitteln können. Das kann man nur durch spannende Geschichten erreichen. Das bedeutet nicht, dass Lukas die Geschichten erfunden hat. Er hatte ein Gespür dafür, durch welche Geschichten man das Wesen des Christlichen am besten beschreiben kann.

Lukas hat aber nicht nur Geschichten erzählt. Wie hellenistische Schriftsteller es auch tun, hat er immer wieder Reden zwischen die Handlungen gestellt. In diesen Reden passt er sich sehr gut den je-

[handschriftlich: Sprache an die Situation und an Hörer anpassen!]

weiligen Hörern an. Zu den Juden spricht er in einer Sprache, die sie verstehen. Da spricht er nicht die gebildete, hellenistische Sprache, sondern eine Sprache, die sich an der griechischen Übersetzung des Alten Testaments, der Septuaginta, orientiert.

Es ist ein eher archaischer Stil. Gegenüber den gebildeten Heiden verwendet Lukas Zitate aus der griechischen Literatur und Philosophie. Er möchte zeigen, dass die christliche Botschaft die Erfüllung der griechischen Philosophie ist. Den Griechen ging es um »gnosis«, um Erkenntnis. Lukas zeigt, dass die christliche Botschaft den Philosophen eine tiefere und bisher noch nicht dagewesene Erkenntnis vermitteln kann. Die Art und Weise, wie Lukas als Grieche den Dialog zwischen jüdisch-christlicher Spiritualität und griechischer Philosophie – oder besser hellenistischem Denken – führt, ist für mich auch eine Herausforderung, wie wir heute unseren Glauben in der postmodernen Welt verkünden können. Es geht um einen Dialog mit dem Zeitgeist und zugleich um das Wesentliche des Christlichen. *[handschriftlich: Heute Dialog!]* Wie kann ich die christliche Botschaft den Menschen von heute verkünden? Das war ja auch Lukas' Anliegen: eine Werbung für die christliche Botschaft gegenüber den gebildeten Griechen. Dieses Werbende, das Lukas auszeichnet, sollten wir heute in unserer Verkündigung neu lernen.

Ich habe nicht den Ehrgeiz, die Apostelgeschichte wissenschaftlich auszulegen. Dazu fehlt mir das exegetische Wissen. Und wie die exegetischen Kommentare zeigen, ist ein eigenständiger Forschungszweig für eine vollständige Analyse nötig. Ich habe die exegetischen Kommentare studiert. Aber auf dem Hintergrund wissenschaftlicher Theologie begnüge ich mich damit, einige Erzählungen der Apostelgeschichte so auszulegen, dass sie für mich auf der einen Seite Bilder einer christlichen Spiritualität und Bilder menschlicher Selbstwerdung werden, auf der anderen Seite aber auch Wege zeigen, wie wir unseren christlichen Glauben den Menschen von heute in einer neuen Sprache verkünden können.

Die Apostelgeschichte zeigt uns zugleich ein Bild der Kirche, das auch für uns heute Vorbild sein kann. In der gesamten Kirchengeschichte gibt es immer wieder Phasen, in denen das Heimweh nach der Urkirche lebendig geworden ist. Uns täte dieses Heimweh nach der Art und Weise, wie die frühe Kirche miteinander gelebt und wie sie nach außen aufgetreten ist, gut. Es kann uns Wege aufzeigen, wie wir uns heute als Kirche in dieser Welt zeigen sollen.

Die Exegeten sagen uns, dass das Ziel der Apostelgeschichte in zwei Richtungen ging. Einmal, um das Werden der frühen Kirche zu beschreiben. Jesus handelt durch den Heiligen Geist, der in den Aposteln wirkt und das Werk der Erlösung und Heilung in die Geschichte hinein fortsetzt. Das Wirken Jesu geht nach seiner Auferstehung weiter. Lukas will in der Apostelgeschichte zeigen, dass Jesus nicht nur in dem engen Gebiet von Palästina gewirkt hat. Durch seine Apostel wurde seine Botschaft bis nach Rom gebracht, damit die ganze Welt mit dem Evangelium durchdrungen und verwandelt wird. Auch für uns ist die Herausforderung heute, wie wir den Geist Jesu in unsere Welt hineinbringen können. Wir können den Geist Jesu nur dann in die Welt bringen, wenn wir wie Lukas den Dialog mit den Menschen führen – mit den Intellektuellen, mit den Künstlern, mit den einfachen Menschen – in ihrer Sehnsucht nach einem gelingenden Leben.

> Lukas versteht die Zeit der Kirche als einen Teil der Heilsgeschichte, die er als theologischer Historiker darzustellen unternimmt.

Pesch 2,314

Lukas ist nicht einfach Historiker, sondern Geschichtstheologe. Die Geschichte der Kirche ist für Lukas Ausdruck von Gottes Handeln. Es ist der Heilige Geist, der die Apostel treibt, der ihnen manchmal auch Hindernisse in den Weg stellt, der sie aber auch befähigt, die Botschaft Jesu in der ganzen Welt zu verkünden.

[Randnotiz: trotz und vor allem manches Schwierigkeiten]

Wenn wir die Geschichtstheologie des Lukas auf unsere Zeit übertragen, so stellt sich uns die Frage: Inwiefern ist die Situation der Kirche heute ein Wirken Gottes? Wir sprechen oft vom Rückzug des Christlichen aus der Gesellschaft, von einem Schrumpfen der Kirche. Und unser Sprechen ist eher von Resignation geprägt als von dem Optimismus, den die lukanische Darstellung der Ausbreitung des Glaubens in der damaligen Welt atmet. Wie aber können wir das, was heute geschieht – auch die Hindernisse, die sich der Kirche in den Weg stellen – als Wirken des Heiligen Geistes erkennen? Was will der Heilige Geist uns Christen heute sagen? Wie sollen wir die Geschichte der letzten Jahrhunderte theologisch deuten? Rudolf Pesch meinte:

> Dem Unterfangen des Lukas, die postjesuanische Heilsgeschichte zu erzählen und theologisch zu deuten, zeigte sich – zumal in der Neuzeit – kein Theologe und Schriftsteller mehr gewachsen

Pesch 2,315

Trotzdem ist es eine Herausforderung, auch heute die Zeichen der Zeit zu erkennen und das Wirken des Heiligen Geistes in der Kirche und der Welt wahrzunehmen.

Das zweite Anliegen der Apostelgeschichte ist zu zeigen, wie die Kirche sich langsam von der jüdischen Gemeinde löst. Zunächst spricht Petrus zu den Juden und erklärt ihnen mithilfe der Theologie des Alten Testamentes das Geheimnis Jesu Christi. Und Paulus wendet sich immer zuerst an die Juden. Die erste christliche Gemeinde in Jerusalem war eine judenchristliche Gemeinde. Die Judenchristen verbanden die Botschaft Jesu mit der jüdischen Tradition, in der sie und in der auch Jesus selbst aufgewachsen ist. Paulus geht zunächst in die Synagogen und verkündet dort das Evangelium. Er wirbt bei den Juden für das Evangelium Jesu Christi. Immer wieder werden einzelne Juden von der Botschaft Jesu überzeugt und folgen ihr. Aber die große Menge der Juden lehnt diese Botschaft ab. Und so begründet die Apostelgeschichte den Übergang von der judenchristlichen Gemeinde zur Gemeinde, in der Juden und Griechen miteinander den Glauben an Jesus Christus leben. Jesu Botschaft gilt allen Menschen, den Griechen wie den Juden. Wenn Lukas von den Griechen spricht, meint er einmal die Gottesfürchtigen unter ihnen, also Menschen, die sich für die jüdische Spiritualität interessieren. Und er wendet sich an die philosophisch gebildeten Griechen, die noch nicht mit der jüdischen Spiritualität in Berührung gekommen waren. Manchmal sind unter den Griechen auch Menschen, die wir heute als Heiden bezeichnen: Menschen, die eigenartige Kulte betreiben und oft genug vom Aberglauben geprägt sind.

Wenn wir heute die Apostelgeschichte lesen und meditieren, möchte ich dieses zweite Anliegen nicht geschichtlich deuten. Vielmehr sind für mich die Juden ein Bild für die Menschen, die heute kirchlich geprägt sind, also für die »Insider« des christlichen Glaubens. Und die Griechen stehen für mich einmal für die Menschen, die sich für Spiritualität interessieren, dann aber auch für die intellektuell gebildeten Menschen, die nach einer Antwort auf ihre existenziellen Fragen suchen. Und sie stehen auch für Menschen, die esoterischen Botschaften anhängen. Es geht mir also um die Frage, was die Erzählungen und Reden der Apostelgeschichte für uns heute bedeuten. Die Apostelgeschichte ist für mich die Einladung, heute darüber nachzudenken, wie wir den Glauben so verkünden können, dass die aktiven Mitglieder der christlichen Gemeinden angesprochen werden, aber auch die Menschen, die in der Philosophie, in der Psychologie, in östlichen Religionen oder in der Esoterik eine Antwort auf ihre Fragen suchen. Wie können wir die zentrale Botschaft Jesu den Menschen von heute mit ihren oft sehr unterschiedlichen Sichtweisen vom Leben so verkünden, dass die Menschen genauso von Christus fasziniert werden, wie es damals offensichtlich bei den Predigten eines Petrus und Paulus geschah?

Heute geht es nicht so sehr um Widerspruch zwischen jüdischer und christlicher Deutung, sondern um einen guten Dialog. Wie können wir mit Juden über Jesus Christus sprechen? Und wie können wir den Heiden die Botschaft Jesu verständlich machen? Wie können wir einen guten Dialog mit anderen Religionen führen? Das ist das eine Anliegen: der Dialog mit Juden und anderen Religionen.

Das andere Anliegen: Wie können wir die Botschaft Jesu den Insidern – und dafür stehen für mich die Juden in der Apostelgeschichte – verkünden, also denen, die ganz in der christlichen Tradition wurzeln? Und wie können wir die Botschaft Jesu denen verkünden, die von der christlichen Tradition keine Ahnung (mehr) haben? Heiden waren damals die Nichtjuden beziehungsweise die Gottesfürchtigen. Heute würden wir unter den Heiden die sehen, die sich mit dem Glauben schwertun. Es sind nicht nur die Atheisten, sondern all die Menschen, die sich von der Kirche innerlich entfernt haben.

Ich lese die Apostelgeschichte auf dem Hintergrund der Frage, wie ich heute das Evangelium den Menschen verkünden kann, auf die ich in meinen Kursen und Vorträgen treffe. Wenn ich manchmal durch eine Stadt wandere, frage ich mich immer: Wie kann ich den Menschen, die in der Fußgängerzone an mir vorüber gehen, von Jesus Christus erzählen? Interessiert diese Menschen die Botschaft Jesu? Oder geht sie an ihnen vorbei?

So möchte ich die wichtigsten Erzählungen aus der Apostelgeschichte mithilfe der exegetischen Kommentare auslegen. Vor allem schöpfe ich da aus den Kommentaren von Ernst Haenchen, Franz Mußner, Gerhard Schneider, Rudolf Pesch und Josef Zmijewski. Aber ich möchte diese Erzählungen immer im Blick auf uns heute meditieren und mich fragen, was sie mir persönlich und den Menschen, denen ich begegne, sagen möchten.

1

Der Sinn der Himmelfahrt Jesu

Manche Exegeten stoßen sich daran, dass Lukas in seinem Evangelium Jesus schon am Abend des Ostersonntags in den Himmel auffahren lässt, in der Apostelgeschichte dagegen erst vierzig Tage nach seiner Auferstehung. Lukas kann eine Geschichte zweimal auf ganz verschiedene Weise erzählen, weil er jeweils eine andere Aussageabsicht hat. Im Evangelium schließt die Himmelfahrt das Geschehen der Auferstehung ab. In der Apostelgeschichte betont Lukas, dass Jesus selbst es ist, der seine Jünger belehrt und sie darin unterweist, wie sie den Glauben weitergeben sollen und wie sie in die ganze Welt ziehen sollen, um für die Auferstehung Jesu Zeugnis abzulegen. Zu dieser Belehrung braucht Jesus vierzig Tage. Vierzig Tage lang war Mose auf dem Berg Sinai, um von Gott die Weisung zu hören, die er dem Volk Israel verkünden soll. Vierzig Tage hat Jesus die Jünger im neuen Gesetz, dem Evangelium, unterwiesen, damit sie es der ganzen Welt verkünden. Erst nachdem Jesus seine Jünger angemessen unterwiesen hat, verabschiedet er sich, indem er in den Himmel erhoben wird. Mit dieser Erzählung der Himmelfahrt will uns Lukas zeigen: Jesus selbst ist in der Mitte seiner Kirche. Er ist der eigentliche Lehrer. Er verkündet durch die Jünger seine Botschaft der ganzen Welt. Er treibt auch uns an, den Glauben in der ganzen Welt zu verkünden. Und die Aufnahme in den Himmel zeigt, dass Jesus jetzt zur Rechten Gottes sitzt und Herr aller Menschen ist (Vgl. Apostelgeschichte 10,36). Er ist im Himmel für alle Menschen da.

Die andere Absicht der Himmelfahrtserzählung in der Apostelgeschichte ist die Blickrichtung, die Christen einnehmen sollen. Als Jesus in den Himmel aufgenommen wurde, standen zwei Männer in weißen Gewändern bei den Jüngern (Apostelgeschichte 1,10). Sie deuten den Jüngern das Geschehen der Himmelfahrt. Aber sie zeigen ihnen auch, worin Christsein besteht. Lukas erzählt uns ähnliches in seinem Evangelium. Im Grab stehen zwei Männer in leuchtenden Gewändern und deuten den Frauen das Geheimnis der Auferstehung. Die beiden Männer sagen den Frauen:

> Was sucht ihr den Lebenden bei den Toten? Er ist nicht hier, sondern er ist auferstanden. Erinnert euch an das, was er euch gesagt hat, als er noch in Galiläa war.
> Lukas 24,5f

Die Frauen sollen also nicht in die Vergangenheit schauen, sie sollen Jesus nicht in toten Buchstaben suchen. Sie sollen sich an das erinnern, was Jesus gesagt hat. Und diese Botschaft sollen sie weiter verkünden. Der Glaube lebt also aus der Erinnerung. Aber diese Erinnerung will der Gegenwart verkündet werden, um die Gegenwart zu verwandeln; um das Tote, das in uns ist, in Lebendigkeit zu verwandeln. Bei der Himmelfahrt sagen die beiden Männer den Jüngern:

> Ihr Männer von Galiläa, was steht ihr da und schaut zum Himmel empor? Dieser Jesus, der von euch ging und in den Him-

mel aufgenommen wurde, wird ebenso wiederkommen, wie ihr ihn habt zum Himmel hingehen sehen.

Apostelgeschichte 1,11

Die Jünger sollen nach der Auferstehung Jesu den Blick nicht nach oben richten, sondern sich der Erde zuwenden. Dieser Jesus wird wiederkommen. Aber sie sollen nicht fixiert sein auf die Frage, wann er wiederkommen wird. Sie sollen sich vielmehr der Gegenwart widmen.

Jetzt gilt es, diesen Christus in der Welt von heute zu bezeugen und durch das Zeugnis diese Welt zu verwandeln. Man könnte die Botschaft von der Himmelfahrt also mit den Worten Nietzsches deuten:

» Brüder, bleibt der Erde treu!« Die Christen haben eine Verantwortung für diese Erde. Die Spiritualität besteht nicht darin, immer nur nach oben zu schauen und zu warten, was Gott für uns an Wundern bereithält. Es gilt, sich der Erde zuzuwenden und auf Erden die Botschaft von Jesus zu verkünden. Das heißt aber auch, dass wir die Menschen, die auf der Erde leben, studieren, dass wir ihre Fragen hören, damit wir von der Botschaft Jesu her eine angemessene Antwort geben können.

2

Das Beten der Gemeinde

Nach der Himmelfahrt ziehen sich die elf Jünger zurück nach Jerusalem. Sie bleiben in dem Obergemach ihres Hauses und beten dort miteinander. Aber sie sind nicht allein. Zur Urgemeinde gehören auch die Frauen, die Jesus begleitet haben, und seine Mutter und die Brüder Jesu, also die Familie Jesu. Von ihnen allen heißt es:

> Alle verharrten dort einmütig im Gebet.
> Apostelgeschichte 1,14

Beten der Jünger und der Gemeinde

Wie kein anderer Evangelist hat Lukas Jesus als betenden Menschen beschrieben. In allen wichtigen Situationen zieht sich Jesus zum Gebet zurück. Lukas wollte in seinem Evangelium damit sagen: Wir Christen können Jesus am besten verstehen und ihm ähnlich werden, wenn wir beten. Im Gebet erkennen wir, wer Jesus ist. Und im Gebet kommen wir mit dem Geist Gottes in Berührung, der durch Jesus spürbar wurde. In der Apostelgeschichte werden das Beten der Jünger und das Beten der Gemeinde immer wieder betont.

Lukas vermittelt uns den Eindruck, dass die Jünger Jesu zu jeder Zeit und an jedem Ort gebetet haben.

» Sie beteten bei jeder Gelegenheit, ohne müde zu werden oder den Mut zu verlieren. Ihre Beharrlichkeit war gespeist von dem Vertrauen auf einen Gott, dessen Väterlichkeit und Güte ihnen Jesus in einzigartiger Weise geoffenbart hatte.

Dupont, 261

Ein anderer Aspekt ihres Gebetes aber ist die Gemeinschaft. Sie haben sich aber auch immer wieder gemeinsam zum Gebet getroffen und sich im gemeinsamen Gebet als Gemeinschaft Jesu Christi, als Kirche erfahren.

Die Kirche erfährt ihre Identität im Gebet. Und das Gebet ist einmütig. Man könnte das so deuten: Durch das Gebet werden die verschiedenen Gruppierungen in der Kirche zu einer Gemeinschaft geformt. Die Gegensätze zwischen den Jüngern und der Familie Jesu – wie sie in Markus 3 noch aufscheinen – werden im Gebet überwunden. Das Gebet ist der Weg, die verschiedenen Strömungen in der Kirche miteinander zu vereinen, denn im Gebet schauen wir gemeinsam auf Gott. Und in diesem gemeinsamen Blick auf Gott relativieren sich theologische oder spirituelle Gegensätze. Die psychischen Gräben zwischen den verschiedenen Charakteren und Herkünften werden überbrückt.

Das Gebet befähigt die Gemeinde, die richtigen Entscheidungen zu treffen. Unmittelbar nach dem gemeinsamen Gebet im Obergemach erzählt uns Lukas die Wahl des Matthias zum Apostel (Apostelgeschichte 1,15-26). Nachdem sie zwei Kandidaten aufgestellt haben, beten sie wieder:

>> Dann beteten sie: Herr, du kennst die Herzen aller; zeige, wen von diesen beiden du erwählt hast.

Apostelgeschichte 1,24

Die Kirche braucht auch heute das Gebet um zu erkennen, wie sie auf die Nöte der Welt reagieren soll. Das Gebet öffnet die Augen für die wahren Bedürfnisse der Menschen.

Eine andere Szene des Gebetes möchte ich anschließen. Petrus und Johannes werden über Nacht im Gefängnis festgehalten. Am nächsten Morgen werden sie von den Hohepriestern verhört. Sie befehlen ihnen, dass sie nie wieder von Jesus erzählen sollen. Doch die Jünger erwidern ihnen:

>> Wir können unmöglich schweigen über das, was wir gesehen und gehört haben.

Apostelgeschichte 4,20

Die Jünger werden freigelassen und gehen zu den Ihren. Die Gemeinde deutet das Geschehen mit Blick auf Psalm 2: Juden und Heiden haben sich gegen Jesus verbündet und bekämpfen jetzt auch die Christen. Doch dann betet die Gemeinde:

>> Herr, sieh auf ihre Drohungen und gib deinen Knechten die Kraft, mit allem Freimut dein Wort zu verkünden. Streck deine Hand aus damit Heilungen und Zeichen und Wunder geschehen durch den Namen deines heiligen Knechtes Jesus.

Apostelgeschichte 4,29f

Beten f. d. Welt, dort wo es gerade gebraucht wird! Es wird Erhörung finden!

<u>Die Jünger beten also, dass Gott ihnen genügend Kraft gebe, um in der Bedrängnis durch die feindliche Welt standhalten zu können.</u> Und sie beten darum, dass Gott durch sie heilend wirken möge. Das Gebet stärkt sie in der Bedrängnis und es gibt ihnen die Hoffnung, dass durch sie Zeichen und Wunder geschehen. Lukas beschreibt die Wirkung des Gebetes in Bildern, die der hellenistischen Spiritualität entstammen:

> Als sie gebetet hatten, bebte der Ort, an dem sie versammelt waren.

Apostelgeschichte 4,31

↳ *Lukas gebraucht Bilder um das Ereignis zu veranschaulichen!*

Das Beben des Ortes ist Zeichen für die Erhörung des Gebetes. Ernst Haenchen kommentiert diesen Text so:

> Die Erhörung des Gebets veranschaulicht Lukas für seine hellenistischen Hörer mit einem Ausdrucksmittel, das er heidnischer Frömmigkeit zu entnehmen wagte. Eine solche Freiheit des Schriftstellers legte sich ihm dadurch nahe, dass die christliche Botschaft in den Kreis der hellenistischen Bildung und Frömmigkeit eindrang.

Haenchen, 187

Wir dürfen also im Geist des Lukas die Wirkung des Gebets heute auch in Bildern erzählen, die aus der Quantenphysik oder der Feldtheorie stammen: Das Gebet wirkt bis in die Materie hinein. Da kommt etwas in Schwingung. Die Welt verwandelt sich. <u>Das Gebet ist nicht folgenlos.</u> Es dringt bis in die Materie ein, sodass der ganze Ort in Schwingung gerät. Aber das Gebet hat auch noch andere Wirkungen. Die Betenden werden vom Heiligen Geist erfüllt und haben jetzt den Mut, in aller Freiheit das Wort Gottes zu verkünden. Sie tun es ohne die Angst, deshalb von Menschen bedrängt zu werden.

Die beiden Gebetsszenen möchten uns heute einladen, der Macht des Gebetes zu trauen. Das Gebet kann auch uns miteinander verbinden und es bringt etwas in der Welt in Bewegung. Lukas will uns Christen Selbstvertrauen schenken. Unser Gebet bleibt nicht folgenlos. Es bringt die Welt in Bewegung. Es kann politische Aufbrüche bewirken. Es kann verhärtete Fronten aufweichen. Es gibt uns den Mut, anders in der Welt aufzutreten, mit Vertrauen und in großer innerer Freiheit. Das Gebet ist zugleich die Kraftquelle der Christen. Wenn sie gemeinsam beten, dann verwandelt die kleine Gruppe von Betern die ganze Welt. So hat es die kleine Gruppe der Jünger und der Frauen erfahren. Dem sollten wir heute auch trauen. Dann hört unsere Verzagtheit auf. Wir trauen uns, im Gebet für diese Welt einzutreten und für mehr Gerechtigkeit und Liebe zu kämpfen.

3

Die neue Sprache an Pfingsten

Lukas beschreibt das Pfingstereignis zum einen als Erfüllung. An diesem Tag erfüllt sich, was Jesus seinen Jüngern versprochen hat:

> Ihr werdet die Kraft des Heiligen Geistes empfangen, der auf euch herabkommen wird; und ihr werdet meine Zeugen sein in Jerusalem und in ganz Judäa und Samarien und bis an die Grenzen der Erde.
>
> Apostelgeschichte 1,8

Und an Pfingsten bewahrheitet sich die Verheißung der Propheten, vor allem des Propheten Joel, den Petrus in seiner Rede zitiert. Der 50. Tag hat in sich schon eine solche Bedeutung: 50 ist die Zahl der Abrundung, auch die Zahl der Liebe, die uns erfüllen und verwandeln möchte. Am 50. Tag vollendet sich das Geschehen der Auferstehung. Da bekommen die Jünger auf einmal den Mut, selbst aufzustehen und vor den Menschen als Zeugen Jesu aufzutreten.

Zum anderen schildert uns Lukas das Pfingstgeschehen als Sprachereignis. Der Heilige Geist kommt in Feuerzungen herab. Das befähigt die Apostel, »in fremden Sprachen zu sprechen« (Apostelgeschichte 2,4). Die Menschen, die aus verschiedenen Völkern kommen, waren ganz bestürzt:

> Denn jeder hörte sie in seiner Sprache sprechen.
>
> Apostelgeschichte 2,6

Sie wundern sich, dass die Apostel alle Galiläer sind und sie trotzdem jeder versteht. Jeder hat das Gefühl, als ob sie in seiner Muttersprache sprechen. Wörtlich heißt es »in dem Dialekt, in dem wir geboren wurden« (Apostelgeschichte 2,6). Im Deutschen sprechen wir von der Muttersprache, die uns nährt, genauso wie die Muttermilch. Die Muttersprache schenkt uns das Gefühl von Geborgenheit, von Angenommensein, von Beziehung. Lukas spricht vom Dialekt. Der Dialekt bezeichnet immer eine dialogische Sprache, in der es um Beziehung und Begegnung geht.

Die Jünger sprechen also eine Sprache, die die Menschen verstehen. Die Zuhörer haben das Gefühl, dass da jemand in ihrer eigenen Sprache spricht, in der Muttersprache, die sie nährt und pflegt. Aber es ist keine Sprache, die nur die Muttersprache wiederholt. Sie verkündet vielmehr in der Muttersprache »Gottes große Taten« (Apostelgeschichte 2,11). Die Kunst der religiösen Sprache besteht darin, in der Muttersprache von Gott so zu sprechen, dass die Menschen verstehen, was gemeint ist. Aber wir sollen nicht theoretisch über Gott sprechen, sondern über das, was er Großes an uns tut.

Die neue Sprache, die uns der Heilige Geist schenkt, will in die ganze Welt hinein. Sie will die ganze Welt verwandeln. In der Welt wird oft eine kalte, verurteilende, spaltende, verletzende Sprache gesprochen. Die Sprache, die Jesus gesprochen hat, war eine wärmende Sprache. Die Emmausjünger sagen:

> Brannte uns nicht das Herz in der Brust, als er unterwegs mit uns sprach.
>
> Lukas 24,32

Die Kirchenväter sagen: Mit der Sprache bauen wir ein Haus. (Vgl. Ambrosius, De Abraham II,1) Mit der Sprache, zu der uns die Feuerzungen befähigen, bauen wir ein Haus, in dem Menschen sich angenommen und verstanden fühlen und kein kaltes Haus, in dem sie frieren, weil dort nur eine kalte und verletzende Sprache gesprochen wird. Das Sprachwunder von Pfingsten ist für uns heute eine Einladung, im Heiligen Geist eine Sprache zu finden, die die Herzen der Menschen berührt. Die sie wärmt wie das Feuer, das sich mit den Zungen verbindet.

Lukas beschreibt konkret, wie dieses Verkünden der Großtaten Gottes aussehen kann, indem er den Petrus eine längere Predigt halten lässt. Die Predigten, die Lukas in der Apostelgeschichte immer wieder ausführt, sind sein Werk. Die Predigten deuten das Geschehen. Und die Predigten sind Verkündigung der Botschaft Jesu Christi. Sie folgen immer einem ähnlichen Schema.

Petrus oder Paulus gehen von einer konkreten Situation aus. Anschließend erzählen sie von Jesu Wirken, von seinem gewaltsamen Tod und seiner Auferweckung durch Gott. Gott hat Jesus durch die Auferstehung als Herrn und Retter der Welt bestätigt. Er sitzt nun zur Rechten Gottes und ist Herr über die Welt. In seinem Namen können die Menschen Heilung und Rettung erfahren. Dann folgt ein Schriftbeweis, der den Verstand der Zuhörer befriedigt. Dieser Schriftbeweis ist Ergebnis eines langen theologischen Ringens der ersten Christen, um das Geschehen Jesu aus den Schriften des AT zu begründen und alles als von Gott bewirkt zu beweisen. Dann erfolgt eine Mahnpredigt, die die Zuhörer auffordert umzukehren und sich taufen zu lassen. In den Predigten legt Lukas die Theologie seiner Zeit so aus, dass die jeweiligen Zuhörer sie verstehen können. Daher passt sich der Prediger immer den Zuhörern an, und lässt sich auf ihren Verstehenshorizont ein.

In der Pfingstpredigt deutet Petrus das ekstatische Zungenreden der Jünger als Erfüllung dessen, was der Prophet Joel verheißen hat. Jetzt ist die Endzeit, die Zeit, in der all das, was die Propheten verheißen haben, erfüllt wird. Petrus deutet durch die Worte des Propheten das Sprachenwunder und die Tatsache, dass ungebildete Galiläer auf einmal in allen Sprachen sprechen. Dem Schriftsteller Lukas ist an diesem Text aus dem Propheten Joel wichtig, dass die Unterschiede zwischen jung und alt, zwischen Männern und Frauen und zwischen Herren und Sklaven aufgehoben werden. Alle werden zu Propheten, »eure Söhne und Töchter«, die Jungen und Alten werden Visionen und Träume haben und über Knechte und Mägde wird Gott seinen Geist ausgießen.

> Mit diesem Joelzitat klingt das revolutionäre, weil egalitäre gesellschaftlich-religiöse Kontrast-Programm der urchristlichen Frühzeit an, wie es auch Paulus in Galater 3,28 zitiert: Nicht Geschlecht, nicht Herkunft, nicht Status, allein die in der Taufe zugesprochene Geistbegabung macht die Zugehörigkeit zur Gemeinde aus.
> Ettl, 38

Nach der Deutung des Pfingstereignisses predigt Petrus von Jesus. Er wirft den Juden vor, dass sie durch die Hand von Gesetzlosen Jesus ans Kreuz geschlagen haben. Aber er entschuldigt sie sofort wieder, indem er auf Gottes Willen und Vorauswissen verweist. Die Juden haben letztlich getan, was Gott vor Urzeiten beschlossen hat. Gott selbst hat seine Antwort auf den Tod Jesu gegeben. Denn er hat »ihn von den Wehen des Todes befreit und auferweckt; denn es war unmöglich, dass er vom Tod festgehalten wurde« (Apostelgeschichte 2,24). Anschließend begründet Petrus, dass Jesus nicht im Tod bleiben konnte, indem er Psalm 16 auslegt. Was in der Auferstehung Jesu geschehen ist, ist längst in den Psalmen vorhergesehen worden. Indem Petrus Psalm 16 meditiert, kann er zeigen, dass die Auferstehung Jesu der Glaubenshoffnung Israels entspricht. Es ist auch unsere Aufgabe so zu predigen, dass die Menschen spüren: Was wir von Jesus erzählen, entspricht ihrer tiefsten Sehnsucht, das erfüllt ihre Sehnsucht. Wir sprechen nicht von etwas völlig Fremden, sondern von dem, was jeder tief in seiner Seele ersehnt.

Petrus predigt so, dass es die Zuhörer mitten ins Herz trifft. Er will sie nicht belehren. Er spricht sie so in ihrem Herzen an, dass sie selbst darauf mit der typischen Frage griechischer Philosophie reagieren:

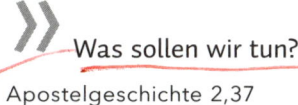
Was sollen wir tun?

Apostelgeschichte 2,37

Petrus moralisiert nicht, indem er den Zuhörern ein schlechtes Gewissen macht. Er antwortet vielmehr auf ihre Frage nach dem, was sie tun sollen. Und er gibt ihnen zwei Antworten: Sie sollen umkehren und sie sollen sich auf den Namen Jesu taufen lassen. Umkehren heißt auf Griechisch »metanoiein« und bedeutet eigentlich umdenken. Die Zuhörer sollen ihre bisherigen Gedanken infrage stellen und anders über sich und ihr Leben nachdenken. Dieses Umdenken sollen sie im Ritus der Taufe manifestieren. In der Taufe schließen sie sich der Gemeinschaft der Jünger Jesu an. Ihr neues Leben braucht die Gemeinschaft.

Die Umkehr und die Taufe bewirken, dass die Leute gerettet werden »aus dieser verdorbenen Generation« (Apostelgeschichte 2,40). Christsein bedeutet eine neue Existenz – eine Existenz, in der wir nicht von den Maßstäben der Welt bestimmt werden. In der wir von dem frei werden, was man heute so denkt und tut. Wir werden in dieser neuen Existenz heil und ganz, wir kommen zu unserem wahren Selbst. Das griechische Wort »sothete«, das Lukas hier verwendet, meint genau dies, dass der Mensch sein wahres Selbst findet und dass es bewahrt wird. In diesem Wort wird das Ringen um eine neue Menschlichkeit, eine neue »humanitas« sichtbar. Die Christen sollen mitten in dieser Generation, die sich selbst verloren hat und die innerlich verdorben ist, das ursprüngliche Menschsein leben. Christsein heißt nicht nur glauben, sondern auch zu dem neuen Menschen werden, den uns Jesus in seiner Existenz vor Augen geführt hat und zu dem er uns machen möchte.

Wenn wir umkehren, so werden uns zwei Verheißungen zuteil. Und diese beiden Verheißungen beschreiben dieses neue Menschsein: Wir erfahren die Vergebung der Sünden und uns wird der Heilige Geist geschenkt. Die Vergebung der Sünden wird nicht an den Tod Jesu gebunden. Lukas kennt keine Sühnetheorie. Vielmehr vermittelt uns die Taufe die Vergebung der Sünden. Im Waschritus der Taufe dürfen wir erfahren, dass uns die Sünden gleichsam abgewaschen werden. In der Taufe wird erfahrbar, was Jesus immer wieder verkündet hat, dass Gott uns unsere Sünden vergibt.

Jesus hat diese Botschaft von der Vergebung der Sünden mit seinem Tod bezeugt. Die Taufe befreit uns von der Vergangenheit, in der wir uns oft genug in eine Lebenslüge verstrickt haben. Sie ermöglicht uns einen neuen Anfang. Wir werden von ständigen Selbstvorwürfen befreit. Und in der Taufe empfangen wir den Heiligen Geist. Wir werden die gleiche Erfahrung machen, die wir an Pfingsten an den Jüngern beobachten: Wir werden frei von allem, was uns belastet. Wir werden frei von unserer Ängstlichkeit. Wir bekommen den Mut, vor anderen Menschen aufzutreten und ihnen von Gott zu erzählen, und wir erhalten eine Kraft, die uns auf unserem Weg stärkt.

Der Heilige Geist macht uns erst ganz zu dem Menschen, wie Gott ihn sich gedacht hat, als er dem ersten Menschen seinen Odem einblies. Der Mensch wird erst zum wahren Menschen, wenn er vom Geist Gottes durchdrungen ist. Und dieser Geist Gottes wird in Jesus konkret erfahrbar. Es ist ein Geist der Liebe und der Versöhnung. Der Heilige Geist befähigt uns wie die Jünger an Pfingsten zu einer neuen Sprache. Zu einer Sprache, die die Herzen der Menschen berührt. Zu einer Sprache, die alle Menschen verstehen, weil sie sie mit der Weisheit ihrer Seele in Berührung bringt, die Gott ihnen geschenkt hat.

Das ist für mich auch eine wichtige Aussage. Unsere Botschaft soll die Menschen durchaus zur Umkehr aufrufen. Wir sollen die Menschen nicht einfach in der Lebensweise bestätigen, in der sie leben. Es braucht ein Umdenken. Aber wir sollen das nicht moralisierend einfordern, sondern wir sollen die positiven Wirkungen des Umdenkens aufzeigen. Es führt zur Befreiung von der Vergangenheit, dies ist die eigentliche Bedeutung von der Vergebung der Sünden. Und es beschenkt uns mit der Gabe des Heiligen Geistes, durch die wir neue Fähigkeiten geschenkt bekommen. Die Umkehr ist also immer mit einer Verheißung verbunden. Und diese Verheißung bezieht sich auf das Geschenk des Heiligen Geistes und auf das Heilwerden durch den Geist Gottes. So ist die Pfingstpredigt des Petrus die Einladung, eine Sprache zu lernen, die die Herzen der Menschen berührt und sie für das Geheimnis Jesu Christi öffnet. Die ihnen Jesus Christus so verkündet, dass er ihre tiefste Sehnsucht anspricht und erfüllt.

4

Miteinander glauben

[handschriftliche Notizen:]
1.) Gütergemeinschaft
2.) Festhalten an der Lehre der Apostel (Gem. Glaube)
3.) Beten und Liturgie
4.) Ein Herz und eine Seele
5.) Therapeutische Dimension

Lukas beschreibt uns an zwei Stellen ein Idealbild der frühen Kirche:

> Alle, die gläubig geworden waren, bildeten eine Gemeinschaft und hatten alles gemeinsam. Sie verkauften Hab und Gut und gaben davon allen, jedem so viel, wie er nötig hatte. Tag für Tag verharrten sie einmütig im Tempel, brachen in ihren Häusern das Brot und hielten miteinander Mahl in Freude und Einfalt des Herzens. Sie lobten Gott und waren beim ganzen Volk beliebt.
>
> Apostelgeschichte 2,44-47

Die Faszination der ersten Christen auf das gesellschaftliche Umfeld war offensichtlich dadurch bedingt, dass sie eine Gemeinschaft bildeten, in der alle alles gemeinsam hatten und in der sie ihre Güter miteinander teilten. Es ist so eine erste christliche Kommune entstanden, die später Urbild vieler Kommunen wurde. Doch die Gütergemeinschaft ist nur ein Aspekt der christlichen Urgemeinde. Ein anderer Aspekt ist das Festhalten an der Lehre der Apostel (Apostelgeschichte 2,42), also dass ein und dieselbe Lehre die Menschen miteinander verbindet.

Doch manchmal wurde das Lehramt der Kirche nicht zur verbindenden, sondern eher zu einer spaltenden Kraft. Lukas mahnt die

Christen dazu, an der Botschaft der Apostel festzuhalten. Aber er versteht unter der Lehre der Apostel »etwas Lebendiges, Dynamisches ... und nicht ein Lehrsystem« (Zmijewski 158). Auch wenn diese Botschaft verschieden gedeutet werden kann, so gab es doch schon in der frühen Kirche das Bedürfnis, den Glauben in einem Glaubensbekenntnis zusammen zu fassen. Alle können die gleichen Worte sprechen, auch wenn jeder sie in seiner persönlichen Weise deutet. *Früh schon Wunsch nach gemeinsamem Bekenntnis*

Ein anderes Charakteristikum der frühen Kirche war ihr Beten und ihre Liturgie. Sie beteten einmütig im Tempel. Im Gebet wurden sie miteinander eins und sie hielten miteinander Mahl in ihren Häusern. Sie brachen das Brot – das meint: Sie feierten Eucharistie miteinander. Sie feierten immer wieder mit Christus das Mahl, das er ihnen aufgetragen hatte und in dem er unter ihnen gegenwärtig war. Am Brotbrechen erkennen sie Jesus, so wie die Emmausjünger. (Lukas 24,30f) Und sie erfahren das Geheimnis seiner Hingabe in seinem Tod. Diese Hingabe Jesu feiern die Christen im Brotbrechen. Und indem sie seine Hingabe feiern, fühlen sie sich von Christus geliebt. Diese Feier war von Einmütigkeit, von Freude und von der Einfalt des Herzens geprägt. Wenn Lukas von der Einfalt des Herzens spricht, dann bezieht er sich auf das Ideal der stoischen Philosophie, die die »haplotes«, die Einfachheit beziehungsweise die innere Klarheit, als Bild für den reifen Menschen ansah. Durch die Einfalt des Herzens wird über einen Menschen ausgesagt, dass er ohne egozentrische Nebenabsichten ist, in sich klar und eins mit sich ist und dadurch auch eins werden kann mit den Brüdern und Schwestern. Die frühen Christen erfüllten also das Idealbild der »humanitas«, so wie die stoische Philosophie es damals propagiert hat.

Dieses Einssein wird in der zweiten Beschreibung der frühen Kirche in später nochmals betont:

>> Die Gemeinde der Gläubigen war ein Herz und eine Seele.

Apostelgeschichte 4,32-37

In diesem Satz beruft sich Lukas auf Formulierungen der Septuaginta und zugleich auf Aussagen der griechischen Philosophen Plato und Aristoteles. Lukas stellt die Urgemeinde also gleichermaßen als Erfüllung der Sehnsucht der Juden und der Griechen dar. Die frühe Kirche verwirklicht das jüdische und das griechische Gemeinschaftsideal. Das Einssein drückt sich darin aus, dass alle alles gemeinsam hatten, dass die Gemeinde für die Bedürftigen sorgte. Das Eigentum war nicht mehr etwas Trennendes, sondern es diente allen, damit keiner Not zu leiden hatte. Aber dieses Einssein geht tiefer. Es ist eine innere Einheit aller Christen auf dem Grund ihrer Seele. In ihrem Herzen wurden sie eins miteinander – ein einziges Herz, eine einzige Seele.

Der dritte Sammelbericht drückt neben der Einmütigkeit noch einen anderen Aspekt der frühen Kirche aus, die therapeutische Dimension des Glaubens:

>> Durch die Hände der Apostel geschahen viele Zeichen und Wunder im Volk.

Apostelgeschichte 5,12-16

Lukas meint, dass nicht nur Petrus geheilt hat, sondern alle Apostel. Von der Gemeinde selbst ging etwas Heilendes aus. Doch dann schildert Lukas Petrus wie einen »theiosaner«, einen göttlichen Mann, wie ihn sich die Griechen vorstellten:

> Selbst die Kranken trug man auf die Straßen hinaus und legte sie auf Betten und Bahren, damit, wenn Petrus vorüberkam, wenigstens sein Schatten auf einen von ihnen fiel.
>
> Apostelgeschichte 5,15

Die frühe Gemeinde erfüllte also auch die Sehnsucht, die die Griechen ausdrückten, wenn sie von göttlichen Männern erzählten, die andere allein durch ihren Schatten heilen konnten. Wir brauchen diese wunderbare Erzählung nicht wörtlich zu nehmen. Aber der Sinn ist für uns auch heute klar. Unser Glaube hat eine heilende Dimension, er will den Menschen guttun. Und die christliche Gemeinde als Gemeinde vermag eine heilende Wirkung auf die Menschen zu haben.

Bild ist auch idealisiert!

Die Exegeten sind sich einig, dass Lukas hier das Bild der Urgemeinde idealisiert. Aber er ist nicht so naiv, um nicht über die Gefährdung Bescheid zu wissen, der die Gemeinde ausgesetzt ist. Das zeigt die Geschichte von Hananias und Saphira. Sie werden nicht getadelt, weil sie einen Teil des Erlöses vom Ackerverkauf für sich behalten haben, sondern weil sie der Gemeinde etwas vorgemacht haben. Lukas kennt auch die Konflikte in der Gemeinde. Aber offensichtlich braucht jede Gemeinschaft auch eine Idealisierung des Anfangs, um sich immer wieder an die Möglichkeit zu erinnern, wie es besser sein könnte. Es ist kein Nachtrauern, als ob früher alles besser gewesen wäre, sondern ein Hoffnungsbild, wie es auch heute sein könnte und manchmal auch sichtbar wird. Mitten in all den Enttäuschungen blitzt auf einmal etwas von einer Gemeinde auf,

von der Individualisierung zum Miteinander

die miteinander Gottesdienst feiert, die miteinander singt: Da sind auf einmal ein Herz und eine Seele spürbar.

Wenn wir die drei Sammelberichte für unsere heutige Zeit übersetzen, so sehe ich darin eine Herausforderung für uns als Kirche und als Gläubige. Wir glauben nicht allein. Der Glaube, so wie ihn die frühe Kirche versteht, führt die Menschen zusammen. Und er ermöglicht ein neues Miteinander. Um mit Lohfink zu sprechen: Der Glaube schafft eine eigene Kultur des Miteinanders. Und dies ist gerade in unserer Zeit der Individualisierung und der zerbrechenden Gemeinschaften ein zentraler Aspekt. Wie können wir Christen, die genauso verschiedene Charaktere sind wie die Mitglieder der Urgemeinde, die aus verschiedenen Milieus kommen, aus verschiedener spiritueller Tradition – wie können wir heute miteinander leben und glauben? *trotz aller Unterschiede* Das Miteinander überzeugt Menschen von heute. Ich selbst lebe in einem Kloster. Und die Leute schauen nicht nur auf das, was wir sagen, sondern darauf, wie wir zusammenleben. Das Zusammenleben ist ein Test, ob unser Glaube stimmt oder nicht. Das gilt ebenso für die christlichen Gemeinden. Ein Test, ob ihr Gottesdienst vom Geist Jesu durchdrungen ist, ist die Art, wie sie miteinander umgehen. Das gilt auch für Familien. Ich kenne Männer und Frauen, die jeden Sonntag in die Kirche gehen. Aber daheim leben sie ihren Egoismus aus oder ihre unbearbeiteten inneren Konflikte. Man hat den Eindruck, dass der Glaube nicht die Kraft hat, ihr Miteinander zu prägen. Lukas lädt uns heute ein, unseren Glauben so zu leben, dass die Leute an unserem Miteinander erkennen können, dass der Geist Jesu unter uns ist.

5

Auferstehungserfahrungen

In der Osterzeit wird als Lesung immer die Apostelgeschichte verwendet. Das hat seine Berechtigung. Man kann in der Apostelgeschichte eine eigene Theologie der Auferstehung entdecken. Diese Theologie wird in den Reden des Petrus deutlich. Aber sie wird auch in den Wundern erzählt, die die Apostel wirken. Und das Geheimnis der Auferstehung wird sichtbar in allen Erfahrungen einer Wendung des Schicksals, etwa wenn Gefangenschaft in Freiheit verwandelt wird oder wenn Verfolgung sich wandelt in eine größere Ausbreitung des Glaubens.

Lukas erzählt uns von der ersten Auferstehungserfahrung in der Heilung des Gelähmten im Tempel von Jerusalem. Er hatte an der Schönen Pforte um Almosen gebettelt. Doch Petrus blickte ihn an und sprach zu ihm:

> » Silber und Gold besitze ich nicht. Doch was ich habe, das gebe ich dir: Im Namen Jesu Christi, des Nazoräers, geh umher!
> Apostelgeschichte 3,6

Die Juden, die im Tempel waren, sahen das Wunder. Und so kann Petrus ihnen anhand des Wunders das Geheimnis Jesu Christi in seiner Predigt erklären. Petrus hält den Juden eine Predigt, in der

Lukas seine Theologie von Jesu Tod und Auferstehung in jüdischen Begriffen und Bildern versucht zu vermitteln. Es ist der Gott Abrahams, Isaaks und Jakobs, der seinen Knecht Jesus in der Auferstehung verherrlicht hat. Die Heilung des Gelähmten geschieht durch Jesus, den Gott von den Toten auferweckt hat. Durch die Auferstehung wird Jesus zum wahren Arzt der Menschen. In seinem Namen können Menschen geheilt werden.

Lukas erklärt in der Petruspredigt die Auferstehung Jesu in einer Sprache, die die Juden verstehen. Petrus wirbt um die Juden. Er entschuldigt ihr Verhalten Jesus gegenüber als »Unwissen«. Er begründet den Tod und die Auferstehung Jesu mit Texten aus dem Alten Testament. Gott hat in Tod und Auferstehung Jesu erfüllt, »was er durch den Mund aller Propheten im Voraus verkündet hat: dass sein Messias leiden werde«. (Apostelgeschichte 3,18) Lukas bezieht sich nicht nur auf Mose, sondern auf alle Propheten. Sie alle bezeugen, dass Gott seinen Messias vom Tode auferweckt. Und Gott hat Jesus auferweckt, »damit er euch segnet« (Apostelgeschichte 3,26) Das Geschehen von Tod und Auferstehung Jesu soll also zum Segen werden für alle Juden.

Petrus deutet den Tod und die Auferstehung Jesu mit den Worten:

> »» Den Urheber des Lebens habt ihr getötet, aber Gott hat ihn von den Toten auferweckt. Dafür sind wir Zeugen.
> Apostelgeschichte 3,15

Jesus ist der wahre Messias, der Urheber des Lebens. Gott hat an ihm und in ihm gehandelt. Gott hat Jesus von den Toten auferweckt, und zwar zugunsten der Juden. So schließt Petrus seine Rede mit den Worten:

> Für euch zuerst hat Gott seinen Knecht erweckt und gesandt, damit er euch segnet und jeden von seiner Bosheit abbringt.
>
> Apostelgeschichte 3,26

Die Auferstehung Jesu ist für die Juden also beides: Zuerst ist sie Segen. Aber die Auferstehung Jesu ist auch Mahnung zur Buße, »damit eure Sünden getilgt werden und der Herr Zeiten des Aufatmens kommen lässt und Jesus sendet als den für euch bestimmten Messias« (Apostelgeschichte 3,19f). Es ist ein schönes Bild, das Lukas hier für unser Leben malt. Wenn Jesus unter uns ist, wenn wir seine Worte hören, dann ist für uns eine Zeit des Aufatmens. Dann werden wir frei von der Last unserer Selbstvorwürfe und von der Last des schlechten Gewissens, ob wir auch alle Gebote erfüllen. Jesus befreit uns von dieser Last. Er öffnet unseren Blick für sein endgültiges Kommen in Herrlichkeit. Petrus bezieht sich hier auf die Messiashoffnung der Juden. Jesus ist der Messias für Juden und Christen. Die Christen glauben, dass in Jesus der Messias schon gekommen ist. Aber mit den Juden glauben sie gemeinsam, dass das endgültige Kommen des Messias noch aussteht. In der Sehnsucht nach dem endgültigen Kommen des Messias sind sich Juden und Christen einig. So zeigt uns Petrus, wie wir heute im Dialog mit den Juden über Jesus sprechen könnten.

Obwohl Lukas mit dieser Predigt vor allem die Juden im Blick hat, spricht er zugleich in einer Sprache, die auch die Griechen verstehen. So nennt Petrus Jesus den »Urheber des Lebens«, den »archegos tes zoes«. Das könnte man auch so übersetzen: den Anleiter zum Leben. Dies ist ein Ausdruck, den die Griechen verstehen und lieben. Ein weiteres Bild ist, dass Gott uns durch Jesus Zeiten des

Aufatmens geschenkt hat. Auch dieses Bild ist sowohl für Juden als auch für Griechen ansprechend.

Und Jesus wird als der Messias wiederkommen und die schöpfungsmäßige Ordnung wieder herstellen. Mit dem Ausdruck »apokatastasis panton«, die Wiederherstellung von allem, erklärt Lukas das Geheimnis der Auferstehung in einer eher philosophischen Sprache, die vor allem den Griechen vertraut ist. Die Kirchenväter haben diesen Begriff später sehr geliebt. In Jesus stellt Gott die Welt wieder so her, wie er sie ursprünglich in der Schöpfung gedacht hat. Die Auferstehung ist Zeichen für diese Wiederherstellung des Ursprünglichen.

So zeigt uns Lukas in der Predigt des Petrus, die zunächst an die Juden gerichtet ist, wie wir eine Sprache finden können, die an die Erfahrung der Juden anknüpft und zugleich für griechisch gebildete Menschen offen ist. Unter den Juden gab es zu der Zeit Jesu viele, die griechische Bildung genossen hatten.

Petrus spricht hier »in feierlichen Wendungen, deren erhabener Klang sich für uns nicht immer mit größter Deutlichkeit paart«, wie Ernst Haenchen diese Predigt beschreibt (Haenchen, 170). Lukas passt sich an die Zuhörer an. Er spricht die Juden so an, dass sie in den Worten des Petrus Wendungen der Bibel erkennen, dass sie sich in ihren Sehnsüchten verstanden fühlen. Aber zugleich spricht er in einer Predigt an die Juden – man könnte sie heute vergleichen mit den Menschen innerhalb der Kirche, den typischen Kirchgängern – auch die Außenstehenden an. Er spricht die einfachen Gläubigen und zugleich die Gebildeten an. Heute wäre es auch die Kunst, die streng gläubigen und gleichzeitig die eher distanzierten Menschen so anzusprechen, dass ihre Sehnsüchte berührt werden.

Texte aus dem AT

Denn in jedem sind immer beide Sehnsüchte: die Sehnsucht nach einer letzten Geborgenheit und die Sehnsucht nach einer absoluten Freiheit und nach Heil und gelingendem Leben.

Die Auferstehung schildert Lukas aber nicht nur in der Predigt, sondern in konkreten Ereignissen. Lukas entfaltet seine Theologie der Auferstehung auch in Erzählungen. Da ist einmal die von der Verhaftung der Apostel. Sie werden in das öffentliche Gefängnis geworfen.

Befreiung als Auferstehung

》 Ein Engel des Herrn aber öffnete nachts die Gefängnistore, führte sie heraus und sagte: Geht, tretet im Tempel auf, und verkündet dem Volk alle Worte dieses Lebens.
Apostelgeschichte 5,19f

Auferstehung heißt für Lukas, dass Gott uns immer wieder aufstehen lässt, dass er uns befreit aus Situationen der Gefangenschaft. Dreimal erzählt Lukas, dass ein Engel des Herrn die Apostel befreit. Hier sind es die beiden Apostel Petrus und Johannes. Im 12. Kapitel ist es Petrus allein und im 16. Kapitel sind es Paulus und Silas. Auferstehung heißt also nach Lukas, dass Gott uns befreit – aus dem Gefängnis der eigenen Angst, aus dem Gefängnis von Hass und Neid und aus dem Gefängnis der eigenen Ohnmacht.

Besonders ausführlich beschreibt Lukas die Befreiung des Petrus. Petrus schläft mit zwei Ketten gefesselt zwischen zwei Soldaten. Auch die Türen wurden von Posten bewacht.

》 Plötzlich trat ein Engel des Herrn ein, und ein helles Licht strahlte in den Raum. Er stieß Petrus in die Seite, weckte ihn und sagte: Schnell, steh auf! Da fielen die Ketten von seinen Händen.

Apostelgeschichte 12,7

Der Engel begleitet Petrus und sie gehen an den Wachen vorbei. Das eiserne Tor, das zur Stadt führt, öffnet sich von selbst und Petrus kann aus dem Gefängnis treten. Doch dann verlässt ihn plötzlich der Engel. Petrus meint, es sei ein Traum aber es ist doch Wirklichkeit. Der Engel des Herrn hat ihn befreit. Das ist Erfahrung von Auferstehung. Petrus wird aus einer ausweglos erscheinenden Situation befreit und kann seinen Weg in die Freiheit gehen.

Die spannend erzählte Befreiung des Petrus aus dem Gefängnis will im Leser das Vertrauen stärken, dass Gott auch uns den Engel sendet, wenn wir innerlich in unseren Ängsten und Zwängen gefangen sind oder wenn wir an den Soldaten gefesselt sind, an den Vertreter des Gesetzes. Wenn wir nicht herausfinden aus dem Gefesseltsein an die Normen des eigenen Über-Ichs. Auferstehung bedeutet, dass Gott auch eine aussichtslos erscheinende Situation verwandeln und uns daraus befreien kann. So will Lukas die Gläubigen seiner Zeit stärken, damit sie mitten in den Bedrängnissen, die sie erfahren, an die befreiende Kraft Gottes glauben. Und er will uns heute ermutigen, nicht zu verzagen, wenn wir als Christen in der Gesellschaft angegriffen oder verfolgt werden.

Die Auferstehungserfahrungen der Apostelgeschichte haben aber noch einen anderen Aspekt: Nach der Steinigung des Stephanus wird die Kirche verfolgt. Die Christen werden in die Gegenden von Judäa und Samaria zerstreut (Apostelgeschichte 8,1). Doch Gott verwandelt die Verfolgung in eine neue Missionsarbeit. Die verfolgten Christen missionieren in Samaria, so breitet sich das Christentum aus. Gott verwandelt die Verfolgung in eine neue Strategie der Verkündigung. Jetzt verkünden die Christen den Menschen in Samaria die Frohe Botschaft von Jesus. Was die Verfolger bezweckten, wird ins Gegenteil gewandelt: in eine Ausbreitung des christlichen Glaubens.

Die Auferstehung Jesu ist die zentrale Botschaft des christlichen Glaubens. Von Lukas können wir lernen, in einer Sprache dieses Geheimnis auszudrücken, die an die Erfahrungen der Menschen anknüpft, zu denen wir sprechen. Hier spricht Lukas zunächst zu den Juden. Wir könnten sagen: Wir brauchen zunächst eine Sprache, die die gläubigen Christen verstehen. Aber dann bedarf es auch einer Sprache, die Fernstehende, die philosophisch oder psychologisch gebildete Menschen anspricht. Und wir brauchen neben der theologischen Sprache die Fähigkeit, zu erzählen.

Auferstehung soll erfahrbar werden. Und sie wird dann erfahrbar, wenn wir von Erlebnissen erzählen, in denen wir Befreiung erfahren haben, in denen auf einmal ein Scheitern in einen neuen Anfang verwandelt wurde. In denen unser Scheitern zu einer Chance wurde, die vorher so nicht gegeben war. In denen Totes und Erstarrtes auf einmal neu zum Blühen kam, in denen Dunkles erhellt wurde und Sinnloses einen Sinn bekam. Auferstehung wird erfahrbar, wenn eine Situation der Verfolgung und Verleumdung auf einmal verwandelt wird in Segen für uns und für die Menschen, wenn Feindschaft sich auf einmal in Freundschaft wandelt. Auferstehung braucht eine anschauliche Sprache, eine Sprache, die Erlebtes so zum Ausdruck bringt, dass die Leser oder Zuhörer es verstehen und mit ihren eigenen Erfahrungen verbinden können.

6

Aus dem Geiste Jesu leben

Im Evangelium hat Lukas das Christsein als Nachfolge Jesu beschrieben. Jesus fordert uns auf, ihm nachzufolgen und dabei nicht zu warten, bis der Vater oder die Familie mit unserer Nachfolge einverstanden sind. In der Apostelgeschichte erzählt uns Lukas, wie einzelne Menschen Jesus nachfolgen. Die Nachfolge Jesu wird sichtbar, indem Petrus und Johannes im Namen Jesu kranke Menschen heilen. Die Apostel können das nicht aus eigener Kraft, sondern nur im Namen Jesu, also in der Kraft des Geistes, den Jesus ihnen gesandt hat. Nachfolge zeigt sich auch im Zeugnis für Jesus. Von allen Aposteln wird erzählt, dass sie »mit großer Kraft Zeugnis von der Auferstehung Jesu« ablegten (Apostelgeschichte 4,33). Dieses Zeugnis wird im Märtyrertod vollendet. So ist Stephanus der Erste, der für seinen Glauben an Jesus stirbt. In Stephanus wird der Geist Jesu auch für die Umwelt erfahrbar.

Stephanus war ein Jude, gehörte allerdings der hellenistischen Gemeinde an, die griechisch sprach. Vermutlich waren die Mitglieder dieser Gemeinde konvertierte Heiden, die – wie es häufig üblich ist – besonders gesetzesgetreu waren. Stephanus, einer der sieben Diakone, die die Apostel eingesetzt hatten, predigt jedoch in der Gemeinde die Freiheit, die Jesus dem Gesetz gegenüber gezeigt hatte. Das erregt Widerspruch bei der hellenistischen Gemeinde.

Sie schleppen ihn vor den Hohen Rat und verleumden ihn. Doch während Stephanus verleumdet wird, macht er einen nachhaltigen Eindruck auf die Mitglieder des Hohen Rates:

> Als alle, die im Hohen Rat saßen, auf ihn blickten, erschien ihnen sein Gesicht wie das Gesicht eines Engels.

Apostelgeschichte 6,15

Stephanus ist so vom Heiligen Geist erfüllt, dass sein Gesicht etwas Helles und Klares ausstrahlt. In der Kraft des Heiligen Geistes hält er nun vor dem Hohen Rat seine Rede.

In dieser Rede legt er seine Sicht der jüdischen Geschichte und ihrer Vollendung in Jesus Christus dar. In der Geschichte Israels wurden immer wieder Propheten getötet. So wurde auch Jesus getötet und so werden auch die Christen verfolgt. Und Stephanus verkündet die eher griechische Lehre, dass Gott nicht in einem von Menschen gebauten Haus wohnt, sondern die ganze Schöpfung mit seiner Gegenwart erfüllt.

Das können seine jüdischen Zuhörer, die nach Lukas aus der Synagoge der Libertiner und Zyrenäer stammten – es sind also Neubekehrte, die sich oft durch Enge auszeichnen –, nicht akzeptieren. Sie schleppen ihn aus der Stadt hinaus und steinigen ihn. Lukas schildert das Martyrium des Stephanus mit ähnlichen Worten wie den Tod Jesu. Stephanus betet wie Jesus für seine Mörder:

> Herr, rechne ihnen diese Sünde nicht an!

Apostelgeschichte 7,60

Und Lukas betet den gleichen Vers aus dem jüdischen Abendpsalm, den Jesus bei seinem Sterben gebetet hat:

》》 Vater in deine Hände lege ich meinen Geist.
Lukas 23,46 (Psalm 31,6)

Doch Stephanus wendet sich nicht an Gott, sondern an Jesus selbst. Jesus tritt an die Stelle Gottes:

》》 Herr Jesus, nimm meinen Geist auf!
Apostelgeschichte 7,59

Ernst Haenchen kommentiert dieses Gebet so:

》》 Damit wird eine christliche Frömmigkeit sichtbar, bei der Jesus schon so in den Mittelpunkt getreten ist, dass er in der Sterbestunde angerufen wird.
Haenchen, 247

Und noch ein Aspekt am Martyrium des Stephanus ist Lukas wichtig. Stephanus ist vom Heiligen Geist erfüllt. Er sieht zum Himmel empor und »sah die Herrlichkeit Gottes und Jesus zur Rechten Gottes stehen, und rief: Ich sehe den Himmel offen und den Menschensohn zur Rechten Gottes stehen« (Apostelgeschichte 7,55f). Lukas schreibt sonst, dass Gott Jesus durch die Auferstehung zu seiner Rechten *gesetzt* hat, er also zur Rechten Gottes *sitzt*. Hier jedoch *steht* er aufrecht. Die Kirchenväter – etwa Gregor von Nyssa – haben sich darüber Gedanken gemacht, warum er hier *steht*. Und Gregor bringt ein Bild aus dem Sport. Beim Wettlauf steht der Schiedsrichter, der den Sieg des Läufers verkündet und ihn mit einem Kranz bekränzt. Jesus ist hier der Schiedsrichter, der Stephanus, der den Wettkampf seines Lebens siegreich besteht, die Siegeskrone aufsetzt. Ob Lukas daran gedacht hat, können wir nicht mehr sagen. Aber da er griechisch gebildet war, kann er dieses Bild vom Wettkampf durchaus im Hinterkopf gehabt haben. Auf jeden Fall ist es ein hoffnungsvolles Bild: Unser Leben ist ein sportlicher Wettlauf. Und wir dürfen vertrauen, dass Christus als Schiedsrichter am Ende unseres Laufes steht und uns die Krone aufsetzt. Wir müssen nicht die ersten im Wettlauf sein. Es genügt, wenn wir uns nach unseren Kräften angestrengt haben, zu kämpfen und zu laufen.

Jesus nachfolgen heißt für Lukas, in Jesu Geist zu handeln. Der Geist gibt den Jüngern die Vollmacht, in Jesu Namen zu heilen. Und er befähigt sie, für ihn Zeugnis abzulegen, auch wenn sie verfolgt werden. Ja, er gibt ihnen sogar die Kraft, für ihr Zeugnis in einer Weise zu sterben, die dem Sterben Jesu am Kreuz nahekommt. Sie können es in einem Geist der inneren Freiheit und des Vertrauens auf Gottes helfende Gegenwart und im Geist der Liebe und der Vergebung den Mördern gegenüber. Aber es ist nicht der Geist Jesu, der uns zur Nachfolge befähigt. Jesus ist selbst bei uns und steht uns bei, so wie er Stephanus bei seinem Sterben zur Seite stand.

Lange Zeit war uns Wohlstandschristen das Thema des Martyriums fremd geworden. Als Christen waren wir in der Gesellschaft akzeptiert. Doch in den letzten Jahren hat sich das Bild gewendet. Über 200 Millionen Christen werden um ihres Glaubens willen verfolgt. Und auch in unserer Gesellschaft begegnen wir oft christenfeindlichen Strömungen. Offensichtlich provoziert die Botschaft Jesu die Menschen damals wie heute. Wer die Botschaft Jesu verkündet, spricht offensichtlich eine Sehnsucht im Menschen an nach einem Gott, der uns wahres Leben schenkt. Aber zugleich macht diese Botschaft manchen Angst. Sie wollen nicht ihrer Sehnsucht trauen, sie wollen sich nicht verunsichern lassen in ihrer alltäglichen Routine. Daher müssen die Bekenner dieser Botschaft verfolgt und getötet werden. So verstehen wir heute auf neue Weise, was damals den ersten Zeugen Jesu widerfahren ist. Und die Schilderung des Martyriums des hl. Stephanus stellt uns vor die Frage, ob wir bereit sind, für unseren Glauben zu sterben, oder ob wir uns lieber anpassen und so leben wie alle. Die Apostelgeschichte ist zwar voll von schönen Geschichten. Aber sie zeigt uns zugleich den Ernst des Zeugnisses, das die Jünger Jesu vor der Welt ablegen. Ihr Zeugnis bringt ihnen Verfolgung ein und sogar den Tod, wie es das Beispiel des Stephanus und später auch die Beispiele von Petrus und Paulus zeigen.

7

Die Umkehr des Saulus

Saulus war mit dem Tod des Stephanus einverstanden und er wurde zum grimmigsten Verfolger der Christen. Saulus war als Pharisäer ausgebildet worden und eifriger als alle seine Mitschüler. Doch dann schildert uns Lukas auf eindringliche Weise die Szene von dessen Bekehrung, die auch noch zweimal wiederholt wird.

Das erste Mal erzählt er sie selbst, die beiden anderen Male erzählt sie Paulus jeweils vor einem anderen Publikum. Die Exegeten haben sich daran gestoßen, dass Lukas die gleiche Geschichte dreimal erzählt, und zwar in drei verschiedenen Versionen.

Doch die verschiedenen Schilderungen kommen nicht unbedingt daher, dass Lukas verschiedene Quellen benutzt. Lukas variiert vielmehr seine Erzählung immer im Hinblick auf die Zuhörer, die er im Blick hat. Darin zeigt sich die dialogische Sprache des Lukas. Er lässt den Paulus immer für ganz bestimmte Zuhörer sprechen, und zwar so, dass er ihre Sehnsüchte anspricht und das, was er erlebt hat, für sie verständlich macht. Und die dreifache Erzählung zeigt, wie wichtig diese Bekehrung des Saulus für Lukas ist. Sie legitimiert die Heidenmission. Paulus wurde zum eigentlichen Missionar der Heiden.

Im 9. Kapitel erzählt uns Lukas die Bekehrung des Paulus als Geschichtsschreiber. Paulus zieht voller Wut nach Damaskus, um dort die Christen zu fesseln und nach Jerusalem zu bringen:

> Unterwegs aber, als er sich bereits Damaskus näherte, geschah es, dass ihn plötzlich ein Licht vom Himmel umstrahlte. Er stürzte zu Boden und hörte, wie eine Stimme zu ihm sagte: Saul, Saul, warum verfolgst du mich? Er antwortete: Wer bist du, Herr? Dieser sagte: Ich bin Jesus, den du verfolgst. Steh auf und geh in die Stadt; dort wird dir gesagt, was du tun sollst.

Apostelgeschichte 9,3-6

Die Begleiter hören zwar die Stimme, aber sie sehen niemanden, der spricht. Als Paulus sich erhebt und die Augen öffnet, sieht er nichts. Er ist blind. Man könnte die Erfahrung des Paulus auch so ausdrücken: »Als Paulus nichts sah, sah er Gott.« Der Gott, den Saulus bisher gepredigt hatte, der Gott des Gesetzes, wurde ihm in dieser ekstatischen Erfahrung verdunkelt. So konnte er den Gott Jesu Christi sehen. Aber es braucht noch drei Tage, bis sich in seinem Herzen eine Wandlung des Gottesbildes vollzieht. Außerdem ist ein frommer Judenchrist nötig, der auch eine Vision hat, in der ihm Jesus befiehlt, zu Saulus zu gehen. Hananias wehrt sich dagegen, weil er über Saulus viel Böses gehört hat. Lukas kann geschickt erzählen, dass die Bekehrung des Saulus für Juden wie Christen etwas Wunderbares ist, was sie nur schwer verstehen können. Doch Jesus erklärt Hananias in dessen Vision:

》 Geh nur! Denn dieser Mann ist mein auserwähltes Werkzeug. Er soll meinen Namen vor Völker und Könige und die Söhne Israels tragen.

Apostelgeschichte 9,15

Paulus soll also sowohl den Juden als auch den Heiden die Frohe Botschaft von Jesus Christus verkünden.

Die beiden anderen Male erzählt Paulus selbst seine Bekehrungsgeschichte. Das erste Mal vor den Juden, als diese ihn umbringen wollen und der römische Oberst ihn festnimmt, um ihn zu schützen. Vor den Juden erzählt Paulus vor allem, dass er ein getreuer Pharisäer war, dass der berühmte Gamaliel sein Lehrer war und dass er die Christen verfolgt habe. Das Bekehrungserlebnis erzählt Paulus hier etwas anders: Bei der ersten Erzählung hören die Begleiter die Stimme, aber sie sehen keine Person. Hier sehen alle Begleiter das Licht, aber sie hören die Stimme nicht. Sie verstehen nicht, was da in Paulus vor sich geht. Sie bestätigen nur, dass es ein wunderbares Eingreifen Gottes war, der allen diese Lichterscheinung zuteilwerden ließ. Hananias wird hier als besonders frommer Judenchrist beschrieben.

Hananias selbst sagt dem Paulus, dass Gott ihn erwählt hat, vor allen Menschen Zeuge für das zu werden, was er gesehen und gehört hat. Den Befehl, zu den Heiden zu gehen, erhält Paulus bei dieser Erzählung erst, als er im Tempel in Jerusalem in Verzückung gerät. Jesus fordert ihn auf, Jerusalem zu verlassen, weil die Juden sein Zeugnis nicht annehmen. Paulus wehrt sich mit dem Argument, die Juden müssten doch wissen, dass er die Christen verfolgt habe und mit der Steinigung des Stephanus einverstanden gewesen sei. Doch Jesus fordert ihn auf:

» Brich auf, denn ich will dich in die Ferne zu den Heiden senden.

Apostelgeschichte 22,21

Bei diesen Worten unterbrechen ihn die Juden und fangen an zu schreien. Das ist ein typisches Stilmittel des Lukas. Immer wenn die Rede zur wesentlichen Aussage kommt, wird sie unterbrochen. Der eigentliche Bruch zwischen Paulus und den Juden wird hier also durch die Heidenmission bewirkt, die Lukas auf den Befehl Jesu selbst zurückführt. Jesus selbst schickt den Paulus zu den Heiden. Das ist für die Juden unerträglich.

Das zweite Mal erzählt Paulus seine Geschichte vor dem Statthalter Festus und dem König Agrippa, den Festus hinzuzieht, weil er die jüdische Religion gut kennt. Hier erzählt Lukas die gleiche Geschichte in Worten, die griechisch gebildete Menschen berühren. So erzählt er von dem Licht, das heller als die Sonne ist. Und er verwendet ein griechisches Sprichwort, wenn er Jesus sagen lässt:

» Es wird dir schwerfallen, gegen den Stachel auszuschlagen.

Apostelgeschichte 26,14

Jesus sendet Paulus, um den Heiden »die Augen zu öffnen. Denn sie sollen sich von der Finsternis zum Licht und von der Macht des Satans zu Gott bekehren« (Apostelgeschichte 26,18). Die Augen für das wahre Licht zu öffnen, das ist eine typisch griechische Redeweise.

Doch als Paulus von der Auferstehung Jesu spricht, da unterbricht ihn Festus:

>> Du bist verrückt, Paulus! Das viele Studieren in den Schriften treibt dich zum Wahnsinn.

Apostelgeschichte 26,24

Für den Römer ist die Botschaft von der Auferstehung Wahnsinn. Diese Botschaft von der Auferstehung wird auch in der Areopag-Rede vor den griechischen Philosophen zum Stein des Anstoßes. Hier wendet sich Paulus daher wieder an Agrippa, der als Jude die Botschaft von der Auferstehung durchaus versteht. Und Paulus argumentiert auch vor Festus damit, dass alles, was er von Jesus erzählt, »sich ja nicht in irgendeinem Winkel zugetragen« hat (Apostelgeschichte 26,26), sondern öffentlich vor aller Welt geschehen ist. So kann Festus die Geschichte Jesu nicht leugnen. Sie ist etwas, was vor aller Augen geschehen ist und daher auch alle angeht.

Lukas zeigt mit dieser dreimaligen Erzählung von der Bekehrung des Paulus zum einen, dass das Christentum an die jüdische Religion anknüpft. Und da die jüdische Religion im Römischen Reich anerkannt war, gibt es keinen Grund, sie zu verfolgen. Und zum anderen will Lukas vor den Römern die christliche Lehre verteidigen. Paulus tritt so vor den römischen Behörden auf, dass er ihre Sympathie gewinnt und dass sie keinen Anklagegrund gegen ihn finden. Lukas zeigt: Eigentlich könnte Paulus freikommen, wenn er nicht an den Kaiser appelliert hätte.

Doch neben dieser geschichtlichen Deutung der Bekehrungsgeschichte können wir fragen: Was bedeutet diese Geschichte für uns heute? C. G. Jung erkennt in dieser Bekehrungsgeschichte ein Gesetz menschlicher Psyche: Immer, wenn wir leidenschaftlich gegen etwas kämpfen, sind wir unbewusst davon fasziniert. Und daher kann das, was wir bekämpfen, uns irgendwann so ergreifen, dass wir es genauso leidenschaftlich vertreten.

Diese innere Umkehr vollzieht sich bei Paulus. Er kämpft gegen die freie Auslegung der jüdischen Gesetzesreligion durch Stephanus und einige Vertreter der hellenistischen Gemeinde. Aber zugleich war er von dieser Idee der Freiheit angezogen. So hat Jesus ihm in dem Erlebnis von Damaskus gezeigt, was ihn eigentlich fasziniert. Er hat die Enge seiner Gesetzespredigt erkannt und hat sich nun zum leidenschaftlichsten Verkünder der Freiheit gewandelt. Bekehrung ist immer Verwandlung.

Die Leidenschaft, mit der Paulus die Christen verfolgt hat, bleibt auch nach seiner Bekehrung. Aber sie hat ihren Grund nun in der Botschaft von der Freiheit. Wenn wir also Menschen sehen, die Christen radikal verfolgen, so will uns die Bekehrungsgeschichte vermitteln, dass auch sie letztlich gegen etwas kämpfen, wovon sie fasziniert sind. Und wir dürfen hoffen, dass die Verfolger irgendwann in ihrem Hass verwandelt werden. Sie werden blind vor Hass. Aber diese Blindheit kann sie dann umwerfen. Und plötzlich erkennen sie den Irrweg, den sie gegangen sind.

Das ist die Botschaft, die diese Szene an die verfolgten Christen richtet. Für uns zeigt die Bekehrung des Paulus, dass Jesus auch uns begegnen und uns die Augen öffnen kann. Mitten auf dem Weg kann uns auf einmal ein Licht aufgehen und wir erkennen, welchen Irrweg wir gegangen sind. Wenn wir uns leidenschaftlich verrannt haben, vermag Gott diese Leidenschaft so umzudrehen, dass wir nicht mehr gegen etwas kämpfen, sondern für das Leben und die Freiheit. Und wir sind nicht allein auf unserem Weg. Jesus geht mit uns. Wir sollen vertrauen, dass er auch uns die Augen öffnet, wenn wir blind geworden sind für die Wahrheit.

Zugleich zeigt uns diese Geschichte, wie wir zu den Menschen sprechen sollen, die gegen die Kirche und die christliche Religion kämpfen, die unseren Glauben lächerlich machen. Wir sollen uns davon nicht verunsichern lassen, sondern uns fragen: Was verunsichert die anderen so, dass sie darüber lästern müssen? Was ist die Sehnsucht, die hinter ihrer Aggression steckt? Dann brauche ich mich und meinen Glauben nicht zu rechtfertigen, sondern ich kann den anderen infrage stellen. Ich kann an das anknüpfen, was ihn bewegt, auch wenn er es vielleicht gerade aggressiv bekämpft. Die Kunst des Seelsorgers besteht darin, in der aggressiven Ablehnung die tiefere Sehnsucht zu entdecken nach etwas, was wirklich trägt, was unserem Leben Sinn verleihen kann.

8

Die Botschaft der Träume

Bei der Bekehrung des Paulus geschieht die Verwandlung durch die Begegnung mit Jesus. Es ist eine Art Vision oder ein ekstatisches Erleben. Lukas kennt noch einen anderen Ort, an dem die Verwandlung eines Menschen geschehen kann: Es ist der Traum. Lukas erzählt uns dreimal die Verwandlung eines Menschen beziehungsweise die Verwandlung seiner Anschauung und seines Denkens durch den Traum – einmal bei Petrus, dann beim Diakon Philippus und schließlich bei Paulus.

Im 10. Kapitel erzählt uns Lukas, wie Petrus um die Mittagszeit dreimal eine Art Traum hat. Lukas nennt den Traum Verzückung. Petrus sieht, wie ein Behälter aus Leinen auf die Erde herabkommt. Und eine Stimme ruft:

》 Steh auf, Petrus, schlachte und iss!
Apostelgeschichte 10,13

Petrus wehrt sich dagegen. Doch die Stimme antwortet ihm:

》 Was Gott für rein erklärt, nenne du nicht unrein!
Apostelgeschichte 10,15

Die ganze Rede und Widerrede geschieht dreimal. Dann wird der Behälter wieder in den Himmel gezogen. Durch diese Vision oder Traum wird Petrus dazu bewogen, der Bitte der vom Hauptmann Kornelius gesandten Männer zu folgen und mit ihnen zum römischen Hauptmann zu gehen.

Kornelius hatte vorher einen Traum gehabt, in dem ihm ein Engel dazu aufgefordert hat, Männer nach Joppe zu schicken, um Simon zu holen. Petrus hätte es als gesetzestreuer Jude nie gewagt, das Haus eines Heiden zu betreten. Aber der Traum hat ihn aus seiner Enge befreit und ihn dafür offen werden lassen, auch den Heiden die frohe Botschaft zu verkünden. Petrus ist der Erste, der einen Heiden tauft. Aber er tauft nicht nur Kornelius, sondern alle seine Freunde, die jener eingeladen hatte.

In der Rede des Petrus wird deutlich, dass er den Traum nicht so gedeutet hat, als ob er nun als Jude alle Speisen essen dürfe. Vielmehr hat Petrus selbst den Traum auf die Menschen hin gedeutet. Gott hat ihm gezeigt, »dass man keinen Menschen unheilig oder unrein nennen darf« (Apostelgeschichte 10,28). Die Verwandlung durch den Traum bietet Petrus die Möglichkeit, seine erste Missionspredigt vor den Heiden zu halten. Geschickt formuliert Lukas die Worte des Petrus so, dass die hellenistisch gebildeten Menschen davon berührt werden. Er fasst die Predigt Jesu als Botschaft vom Frieden zusammen. Gott hat durch Jesus den Frieden verkündet (Apostelgeschichte 10,36). Damit spricht Lukas die Römer an, die ja von sich dachten, sie würden für den Frieden im besetzten Land stehen. Und zugleich kritisiert Lukas das römische Friedensverständnis, als ob man mit Macht Frieden erzwingen könnte. Der Friede soll verkündet werden. Worte können Frieden vermitteln.

Petrus erzählt vom Wirken Jesu, »wie dieser umherzog, Gutes tat und alle heilte, die in der Gewalt des Teufels waren; denn Gott war mit ihm« (Apostelgeschichte 10,38). Jesus ist, wie man es hellenistischen Herrschern als Prädikat mitgab, »Wohltäter, der Gutes tut«. Er heilt die Menschen, wie es die Griechen von ihren Heilern erhofften.

Außerdem erzählt Petrus vom Tod und von der Auferstehung Jesu. Und diese Auferstehung wird leibhaft geschildert: Jesus hat mit den Jüngern nach seiner Auferstehung gegessen und getrunken. Auch hier bezieht sich Lukas bewusst auf die Meinung der Griechen, die zwar an ein Fortleben der Seele nach dem Tod glaubten, aber nicht an die Auferstehung des Leibes. Die Jünger sind dem Auferstandenen leibhaft begegnet. Die Auferstehung ist der Beweis:

>> Das ist der von Gott eingesetzte Richter der Lebenden und der Toten. Von ihm bezeugen alle Propheten, dass jeder, der an ihn glaubt, durch seinen Namen die Vergebung der Sünden empfängt.
Apostelgeschichte 10,42f

Die Botschaft von Jesus wird also entfaltet, indem sie als Botschaft vom Frieden zusammengefasst wird, indem das heilende und befreiende Wirken Jesu geschildert wird und indem die Auferstehung Jesu als Beweis dafür gesehen wird, dass Jesus der von Gott eingesetzte Richter der Lebenden und Toten ist. Und dass wir im Namen Jesu Vergebung der Sünden empfangen, wenn wir an ihn glauben.

Manchen erscheint die Theologie des Lukas, die in dieser Rede des Petrus aufscheint, allzu einfach zu sein. Doch Lukas fasst die Botschaft Jesu auf das Wesentliche zusammen. Da müssen wir nicht irgendetwas glauben, sondern an Jesus, der durch die Auferstehung von Gott bestätigt worden ist als der, der uns von unserer schuldhaften Vergangenheit befreit und der auch unsere Gebrechen zu heilen vermag.

So ist die Predigt des Petrus an die Heiden für uns eine Herausforderung, wie wir zu Menschen sprechen, die vom Glauben wenig wissen, die nicht an Jesus glauben können. Es geht darum, das Wesentliche in wenigen Worten auszudrücken, auch auf die Gefahr hin, dass wir die Botschaft Jesu auf den ersten Blick etwas verkürzen. Aber die Grundfrage, die Lukas bewegt und die uns heute bewegt, ist: Was ist die zentrale Botschaft des Christentums? Wie können wir in wenigen Worten unseren Glauben den Menschen so nahebringen, dass sie davon berührt werden?

Die Predigt des Petrus wirkt, sie berührt die Herzen. Aber nicht nur, weil er besonders gut spricht, sondern weil der Heilige Geist selbst seine Worte benutzt, um die Herzen der Menschen zu bewegen. Während Petrus sprach, »kam der Heilige Geist auf alle herab, die das Wort hörten« (Apostelgeschichte 10,44). Gott selbst greift hier ein. Nicht allein die Worte überzeugen die Zuhörer, sondern das Wirken des Heiligen Geistes. Und dieses Geistwunder berührt nicht nur die Heiden, sondern es bewegt auch den Petrus dazu, die Heiden zu taufen. Ohne Traum und ohne Geistwunder wäre die Taufe der Heiden kaum möglich gewesen.

Als Petrus nach Jerusalem zurückkommt, muss er sich vor seinen Glaubensgenossen rechtfertigen. Er vermag sich zu rechtfertigen, indem er auf Gottes Handeln verweist. Gott selbst hat alles bewirkt, indem er den Geist auf die Heiden gesandt hat. So beruhigen sich die Judenchristen in Jerusalem: Sie »priesen Gott und sagten:

Gott hat also auch den Heiden die Umkehr zum Leben geschenkt« (Apostelgeschichte 11,18).

Schon vor der Taufe des Heiden Kornelius hat Lukas uns von der Taufe eines Heiden erzählt: die Taufe des Eunuchen und Finanzministers der Kandake, der Königin der Äthiopier, durch Philippus (Apostelgeschichte 8,26-40). Doch Lukas lässt die Frage offen, wer dieser Hofbeamte war, ob er Heide war oder ein frommer Pilger. Auf jeden Fall war er gebildet und las die heiligen Schriften der Juden. Zu ihm wird Philippus auch durch einen Engel, also durch einen Traum, geführt.

Es ist eine vollendet schöne Geschichte, die Lukas hier erzählt. Philippus folgt dem Wagen, in dem der Hofbeamte sitzt und laut aus dem Propheten Jesaja liest. Philippus fragt den Eunuchen:

 Verstehst du auch, was du liest?
Apostelgeschichte 8,30

Auf diese Frage hin lädt er Philippus ein, neben ihm Platz zu nehmen und ihm die Stelle aus dem Propheten Jesaja zu erklären. Doch Philippus nimmt sie zum Anlass, das Evangelium von Jesus zu verkünden.

Der Kämmerer ist so überzeugt von der Darlegung des Philippus, dass er ihn bittet, ihn sofort zu taufen. Gott ist es, der diese Taufe bewirkt. Gott hat dem Philippus den Engel gesandt. Gott bewirkt, dass der Kämmerer gerade diese Stelle aus dem Propheten Jesaja liest. Und Gott lässt sie sogleich eine Wasserstelle finden.

Die Taufe des Kämmerers ist aber nicht der Beginn der Heidenmission, wie die Taufe des römischen Hauptmanns Kornelius. Es ist ein einzelner Mann, der hier getauft wird. Er zieht voller Freude heim. Dort wird er als Christ leben. Aber es ist nicht gesagt, dass sich durch ihn die Botschaft Jesu in Äthiopien ausbreitet. Lukas will nur zeigen, dass Gott viele Wege bereithält, Menschen zum Evangelium Jesu zu führen. Und immer wieder benutzt er Träume, in denen ein Engel zum Menschen spricht, um seinen Heilswillen zu erfüllen.

Ein Traum steht auch zu Beginn der Europamission. In Troas hatte Paulus in der Nacht eine Vision, einen Traum:

》》 Ein Mazedonier stand da und bat ihn: Komm herüber nach Mazedonien und hilf uns.

Apostelgeschichte 16,9

Auf diesen Traum hin macht sich Paulus auf den Weg nach Neapolis und nach Philippi. Gott selbst leitet die frühe Kirche. Er ermächtigt Petrus, den ersten Heiden zu taufen. Er bringt Philippus dazu, den Finanzminister der Königin von Äthiopien zu taufen. Und er drängt Paulus und seine Begleiter dazu, die Mission nach Europa zu bringen. Gott verwendet den Traum als den Ort, an dem er zu den Menschen spricht und an dem er ihre bisherige Denkweise aufsprengt und ihnen neue Wege ermöglicht.

So können wir aus diesen drei Szenen lernen, auf Träume zu hören. Unsere Theologie ist oft zu kopflastig. Sie ist rein rational. Aber Gott spricht nicht nur durch die Vernunft, sondern auch durch die Träume zu uns. Gott zeigt uns im Traum oft neue und ungewohnte Wege auf. Anstatt nur Pastoralprogramme zu entwerfen, täte es der Kirche gut, auf die Träume zu hören.

Und es täte uns gut, selbst Träume zu entwickeln: Was sind denn meine Kirchenträume? Was sind meine Träume von einer christlichen Gemeinde? Was sind meine Träume vom Wirken der Christen in unserer Welt von heute?

Träume würden unsere Fixierung auf die Tagesgeschäfte aufbrechen und uns neue Wege aufzeigen. Und sie würden in uns eine andere Sprache hervorlocken. Es wäre eine Sprache, die genauso in Bildern spricht, wie es die Träume tun. Und es wäre eine Sprache, die uns träumen lässt, die uns hoffnungsvolle Bilder einer guten Zukunft aufzeigt.

9

Vor den Juden predigen

Schon im 2. Kapitel hat Petrus seine große Rede vor den Juden gehalten und versucht, sie von der Messianität Jesu und von seiner Auferstehung zu überzeugen. Lukas geht in der Apostelgeschichte durchaus freundlich mit den Juden um. Er spricht sie in den Reden oft mit »Brüder« an. Gott hat mit ihnen einen Bund geschlossen und ihnen gelten die Verheißungen der Propheten. Die ersten Christen entstammen der jüdischen Gemeinde. Und überall, wo nun Paulus hinkommt, wendet er sich immer zuerst an die Juden. Ihnen möchte er darlegen, dass Jesus die Erfüllung aller Verheißungen sind, die die Propheten für das Volk Israel ausgesprochen haben. Und immer, wenn Petrus oder Paulus vor den Juden predigt, können wir heute die Juden als Bild sehen für die Christen, die in der christlichen Tradition groß geworden sind. Und wir können von diesen Predigten die Sprache lernen, die wir gegenüber den christlich sozialisierten Menschen unserer Zeit sprechen sollten.

In seiner ersten Missionspredigt in Antiochia in Pisidien (Apostelgeschichte 13,14-41) wendet sich Paulus wie üblich zuerst an die Juden. Und ähnlich wie Stephanus erzählt er die jüdische Heilsgeschichte und verkündet Jesus als deren Vollendung. Jesus erfüllt all die Verheißungen der Propheten Israels. Das klingt für die Juden durchaus einladend. Doch dass Jesus am Kreuz gestorben ist, widerspricht dieser optimistischen Sicht. Daher muss Paulus begründen, wie das geschehen konnte. Dies tut er, indem er zum einen auf die Unwissenheit der Juden, die nicht verstanden haben, wer dieser Jesus ist, verweist. Zum anderen erläutert er, dass Gott auf diesem Weg die Verheißung der Propheten erfüllt, indem er nämlich Jesus von den Toten auferweckt. Paulus begründet die Auferstehung nochmals mit zwei Bibelzitaten, mit Jesaja 55,3 und mit Psalm 16,10, die Lukas schon in der Pfingstpredigt des Petrus zum Beweis für die Auferstehung Jesu herangezogen hatte.

Die Auferweckung Jesu hat Jesus als den wahren Messias bestätigt. Und was ist die Botschaft Jesu? Paulus formuliert sie nur sehr kurz:

》》 Ihr sollt also wissen, meine Brüder: Durch diesen wird euch die Vergebung der Sünden verkündet, und in allem, worin euch das Gesetz des Mose nicht gerecht machen konnte, wird jeder, der glaubt, durch ihn gerecht gemacht.

Apostelgeschichte 13,38f

Lukas spricht hier nicht von der Erlösung durch das Kreuz, nicht von Sühne für unsere Sünden. Vielmehr ist Jesus durch Tod und Auferstehung zum Zeugen für die Vergebung der Sünden geworden. Im Blick auf Jesus können die Apostel nun den Juden verkünden, dass Gott ihnen ihre Schuld vergibt.

Lukas bezieht sich auf die paulinische Lehre von der Rechtfertigung allein aus dem Glauben, auch wenn er sie abmildert und nicht so pointiert vertritt, wie das Paulus in seinen Briefen tut. Das Gesetz des Mose wird nicht kritisiert. Es ist gut. Aber es konnte die Juden nicht in allem gerecht machen. Die wahre Gerechtigkeit schenkt ihnen Jesus, wenn sie an ihn glauben. Lukas kämpft also nicht gegen das Gesetz wie Paulus, sondern er knüpft an die guten Erfahrungen der Juden mit dem Gesetz an. Er zeigt aber zugleich auf, dass das Gesetz nicht fähig war, den Menschen völlig zu verwandeln und ihn in allem gerecht zu machen. Er interpretiert die Rechtfertigungslehre des Paulus von Gott her und so, dass die Juden sie durchaus verstehen und akzeptieren können:

> Gott selbst sorgt durch Jesus Christus dafür, dass vor ihm ein jeder bestehen kann, dass ein jeder sich von Gott angenommen und geborgen erfahren darf, vor aller Leistung und trotz aller Schuld.

Kliesch, 99

Mit dieser Predigt möchte Paulus die Juden überzeugen, dass sie an Jesus glauben sollen. Und der Glaube an Jesus ist keine Abwendung von der jüdischen Tradition, sondern deren Erfüllung. Die Juden scheinen diese Worte des Paulus mit Wohlwollen aufzunehmen. Sie bitten ihn und Barnabas, am nächsten Sabbat noch mehr von ihrer Lehre zu verkünden. Und einige Juden und fromme Proselyten schließen sich Paulus an.

Der Riss entsteht erst am nächsten Sabbat, aber nicht aufgrund der Rede oder der Inhalte der paulinischen Botschaft, sondern aufgrund des Neides. Die Juden sind neidisch, dass sich die ganze Synagoge füllt und alle die beiden fremden Prediger hören wollen. Und so agieren sie gegen Paulus und Barnabas. Erst die Zurückweisung durch die Juden bringt Paulus dazu, sich nun an die Heiden zu wenden. Die Hinwendung zu den Heiden begründet Lukas zum einen mit der Ablehnung durch die Juden, zum anderen wieder mit einem Wort aus dem Propheten Jesaja. So lässt er den Paulus seine Predigt mit den Worten abschließen:

> Denn so hat uns der Herr aufgetragen: »Ich habe dich zum Licht für die Völker gemacht, bis an das Ende der Erde sollst du das Heil sein«.

Apostelgeschichte 13,47, Jesaja 42,6 und 49,6

Gott selbst ist es, der die Heidenmission begründet, sie entspricht den Worten der Propheten.

Die Heiden, die offensichtlich auch im Gottesdienst waren, »freuten sich und priesen das Wort des Herrn, und alle wurden gläubig, die für das ewige Leben bestimmt waren« (Apostelgeschichte 13,48). Die Predigt des Paulus hat also Erfolg, aber vor allem bei den Heiden. Einige Juden schließen sich der neuen Lehre an. Die anderen Juden jedoch hetzen die Behörden auf, Paulus und Barnabas zu vertreiben.

Die Predigt des Paulus an die Juden dürfen wir nicht mehr nur unter dem historischen Gesichtspunkt betrachten, dass da die Trennung zwischen Heidenchristen und Judenchristen geschah. Vielmehr will uns diese Predigt zeigen, wie wir heute zu Menschen sprechen können, die in der jüdischen Tradition daheim sind. Anneliese Hecht hat in der Analyse dieser Predigt betont, dass Paulus seine Zuhörer zunächst einmal würdigt: Er würdigt sie als »Nachkommen der Urväter und Urmütter des Glaubens, als Mitglieder des erwählten Gottesvolkes« (Hecht, 103) und er würdigt die Gottsuche der Gottesfürchtigen, die am Judentum interessiert sind. Darin betont Paulus die Kontinuität der Heilsgeschichte, die in Jesus gipfelt. Jesus ist die Erfüllung der jüdischen Sehnsucht. Paulus versucht, die

Auferstehung Jesu im Blick auf die prophetischen Verheißungen verständlich zu machen.

Im Dialog mit den Juden kommt es darauf an, dass wir ihre Sprache sprechen und dass wir Jesus nicht unbedingt mit den Kategorien griechischer Philosophie, sondern mit den Bildern des Alten Testaments beschreiben. Es ist – so sagt uns Lukas – offensichtlich legitim, von Jesus anders zu sprechen, je nachdem, welche Gesprächspartner wir vor uns haben. Zu Juden dürfen wir in der Sprache des Alten Testaments sprechen, zu Griechen in der Sprache griechischer Philosophie. In beiden Sprachen können wir großenteils bestätigen, was Juden und Griechen glauben. Und doch gibt es dann jeweils einen Punkt, an dem wir die Differenz nicht überspringen dürfen. Bei den Juden ist es die Aussage, dass dieser Jesus, der am Kreuz gestorben ist, der Messias ist. Bei den Griechen ist es die Botschaft von der Auferstehung Jesu. Wenn wir einen Dialog mit den Juden führen, können wir uns durchaus auch darauf verständigen, dass wir ja genau wie sie diesen Messias noch erwarten. Wir glauben, dass er in Jesus gekommen ist. Aber er wird wiederkommen. Und in dieser Sehnsucht nach dem Kommen des Messias sind wir mit den Juden eins. Und wir sind uns mit den Juden einig, dass das Alte Testament die Grundlage unseres Glaubens ist und dass wir aufgrund der alttestamentlichen Texte das Geheimnis Jesu zu verstehen suchen.

Für mich ist diese Predigt vor den Juden aber auch ein Bild, wie wir heute zu Menschen sprechen können, die innerhalb der Kirche sind und sich vom Glauben getragen wissen. Lukas knüpft an die Erfahrungen der gläubigen Juden an. Er bestätigt ihren Glauben, indem er Stellen aus dem Alten Testament zitiert. Wenn wir zu gläubigen Christen sprechen, ist es gut, wenn wir sie nicht belehren wollen, ihre Glaubensweise nicht kritisieren, sondern erst einmal bestätigen. Wir können dann versuchen, ihren Glauben in einer neuen Weise zur Sprache zu bringen. Wir ändern ihren Glauben nicht, sondern helfen, ihn zu vertiefen, indem wir auf das Zentrale des Glaubens zu sprechen kommen. Und dieses Zentrum des Glaubens ist für Lukas die Auferstehung Jesu, die unser Leben verwandelt, die Vergebung der Sünden, die uns von der Vergangenheit befreit, und die Rechtfertigung durch Jesus Christus. Aber wir müssen diese Rechtfertigungslehre nicht, wie es Paulus oft in seinen Briefen tut, polemisch gegen das Bemühen, das Gesetz zu erfüllen, auslegen. Wir sollen vielmehr all das spirituelle Bemühen der Zuhörer anerkennen, aber dann die Frohe Botschaft verkünden, dass nicht das Gesetz und seine Erfüllung uns gerecht machen können, sondern Christus, der für uns gestorben und auferstanden ist.

Lukas knüpft zwar in dieser Rede, die er dem Paulus in den Mund legt, an dessen Rechtfertigungslehre an. Aber er deutet sie auf seine Weise, so wie er sie in seinem Evangelium schon angedeutet hat. Da hat er Jesus als den wahrhaft gerechten Menschen beschrieben. Am Kreuz wird diese Gerechtigkeit Jesu offenbar. Deshalb sagt der Hauptmann bei seinem Tod:

 Das war wirklich ein gerechter Mensch.
Lukas 23,47

In Jesus wird deutlich und erkennbar, was ein gerechter Mensch ist. Er lässt sich auch durch die Ungerechtigkeit seiner Mörder nicht aus seiner Liebe und seiner Mitte herausreißen.

Gerecht ist nach Lukas der Mensch, der richtig lebt, der so lebt, wie es Gott ihm zutraut, der die wahre »humanitas« lebt. Im Evangelium nach Lukas werden die Menschen durch den Tod Jesu gerecht gemacht, indem sie darauf schauen und dadurch verwandelt werden. Alle, die auf Jesus schauten, »schlugen sich an die Brust und gingen betroffen weg« (Lukas 23,48). Durch das Schauen auf Jesus werden sie auf Gott hin ausgerichtet, werden sie zu richtigen, zu gerechten Menschen. Das Gesetz allein vermag den Menschen nicht richtig zu machen. Der Mensch bleibt oft bei äußeren Geboten stehen, anstatt die innere Gerechtigkeit zu erfahren. Und das Achten auf das Gesetz führt häufig zu einem schlechten Gewissen, das den Menschen eher schwächt.

Lukas versteht die Rechtfertigung aus dem Glauben so: Wenn wir glaubend auf Jesus schauen, werden wir verwandelt in den gerechten Menschen, in den Menschen, der dem Bild Gottes entspricht. Der gerechte Mensch ist das Ideal des griechischen Humanismus. Es leuchtet also auch hier wieder – wie Benoit es ausdrückt – das Ringen um den wahren Menschen, um die neue Humanität auf. Durch den Glauben an Christus, der ungerecht ans Kreuz geschlagen wurde, den Gott aber durch die Auferstehung bestätigt hat, werden auch wir – wenn wir an ihn glauben – gerecht gemacht. Wir werden zu einem Menschen, dem die Ungerechtigkeit der Welt nichts anhaben kann. Gott selbst formt uns durch den Glauben an Christus zum gerechten Menschen, wie ihn uns Jesus in seiner reinen Gestalt gezeigt hat.

Für mich ist die Deutung der Rechtfertigungslehre des Paulus durch Lukas die Herausforderung, dass wir diese zentrale Lehre des Paulus heute in einer Sprache verkünden, die die Menschen verstehen. Lukas hat die Lehre des Paulus den philosophisch gebildeten Menschen erklärt. Unsere Aufgabe ist es, diese Lehre so zu verkünden, dass die Menschen darin eine Frohe Botschaft erkennen. Vor allem für Menschen, die sich selbst nicht annehmen können. Denn diese Lehre sagt ihnen: Ganz gleich, wie sehr du dich anstrengst, du wirst dich nie zu einem perfekten Menschen machen können. Du kannst noch so viele Ratschläge aus Ratgeberbüchern befolgen, du wirst es nie schaffen, dich so zu verändern, dass du dem idealen Bild des Menschen entsprichst, das dir in diesen Büchern vor Augen geführt wird. Aber wenn du auf Jesus schaust, der am Kreuz hängt und sich weder von den Mördern, noch von denen, die ihn beschimpfen und lächerlich machen, aus seiner Mitte herausreißen lässt, dann wird sich auch in dir etwas verwandeln. Du wirst in den Menschen hinein verwandelt, der in seiner Mitte bleibt. Der frei bleibt vom Urteil der Menschen, der in Gott seine Mitte hat und durch Gott zum richtigen Menschen geformt wird. Zu dem Menschen, wie Gott ihn sich vorstellt und wie er ihn in Jesus allen Menschen vor Augen stellt.

10

Durch Drangsale in das Reich Gottes eingehen

Lukas schildert uns von Lystra eine eigenartige Geschichte. Paulus predigt hier nur vor Heiden. Da sind keine Juden gegenwärtig. Während seiner Predigt sieht er einen Mann, »der von Geburt an gelähmt war« (Apostelgeschichte 14,8). Paulus sieht ihn an, und da erkennt er, »dass der Mann darauf vertraute, gerettet zu werden«. So befiehlt er ihm:

》》 Steh auf! Stell dich aufrecht auf deine Füße!

Apostelgeschichte 14,10

Der Mann sprang auf und die Leute sind von dem Wunder so begeistert, dass sie Paulus und Barnabas als Götter ansehen. Barnabas, der offensichtlich von großer Gestalt war und bei der Predigt des Paulus ruhig dabeisaß, halten sie für Zeus und Paulus, weil er als einziger gesprochen hat, für Hermes, den Götterboten. Sie wollen ihnen opfern. Doch Paulus hält sie davon mit den Worten ab:

》》 Wir sind nur Menschen, von gleicher Art wie ihr; wir bringen euch das Evangelium, damit ihr euch von diesen nichtigen

Götzen zu dem lebendigen Gott bekehrt, der den Himmel und die Erde und das Meer geschaffen hat und alles, was dazugehört.

Apostelgeschichte 14,15

In diesen Worten wird sichtbar, in welcher Weise Paulus den Heiden predigt. Er predigt noch nicht von Jesus, sondern von dem wahren Gott im Gegensatz zu den nichtigen Götzen, die die Heiden verehren.

Manche Exegeten stören sich an dieser Wundergeschichte und an der Reaktion der heidnischen Bewohner von Lystra. Doch wenn wir genauer hinschauen, erkennen wir die schriftstellerische Kunst des Lukas. Paulus und Barnabas machen Eindruck auf die Leute. Sie zeigen, dass sie den Vergleich mit den »theioi anthropoi«, das heißt mit den »göttlichen Männern« des Heidentums nicht zu scheuen brauchen. Sie machen die Leute neugierig. Sie sehen da etwas Besonderes in ihnen. Sie meinen sogar, die Götter selbst wären ihnen begegnet.

Das ist der Anlass für die Predigt des Paulus. In seiner Predigt knüpft Paulus an den Glauben der Heiden an. Er spricht von ihrem Polytheismus, von den vielen Göttern, die sie verehren. Er nennt ihre Götter »mataia«, das heißt »nichtige Götzen, kraftlose Wesen, Schein.« Dagegen verkündet er ihnen den lebendigen Gott, der voller Leben ist und auch ihnen Leben schenken kann, so wie er den Mann, der ohne Kraft war, wieder mit Lebendigkeit erfüllt hat.

Dieser Gott zeigt sich allen Menschen. Er hat sich auch den Menschen von Lystra gezeigt:

> Er hat sich nicht unbezeugt gelassen: Er tat Gutes, gab euch vom Himmel her Regen und fruchtbare Zeiten; mit Nahrung und mit Freude erfüllte er euer Herz.

Apostelgeschichte 14,17

Paulus knüpft also an die Erfahrungen an, die Heiden mit Gott machen. Sie können Gott in der Schöpfung erfahren, in seiner Sorge für die Menschen. Paulus spricht hier noch nicht von Jesus. Er bestätigt die Schöpfungsspiritualität der heidnischen Menschen in Lystra. Lukas beschreibt die Menschen in Lystra als ungebildete Menschen. Daher benutzt Paulus auch nicht die Begriffe griechischer Philosophie, sondern Bilder von Menschen, die Gott in der Schöpfung erfahren. Der Gott, der ihnen Nahrung schenkt und Freude. Paulus schafft also zuerst eine Beziehung zu den Menschen, zu denen er spricht. Irgendwann kann er dann auch von Jesus erzählen. Doch in Lystra kommt es nicht dazu.

Die Volksmengen, die noch fasziniert sind von der göttlichen Kraft des Paulus und Barnabas, lassen sich von Juden, die aus Antiochia und Ikonion kamen, dazu überreden, Paulus zu steinigen. Die Szene zeigt, wie wenig der Glaube diesen Menschen Halt gibt. Sie wollen Paulus und Barnabas Opfer bringen, doch im nächsten Augenblick werden sie zu ihren erbittertsten Feinden. Sie steinigen Paulus und schleppen ihn aus der Stadt heraus, in der Meinung er sei tot.

Lukas weiß, dass zur Verkündigung des Evangeliums auch Drangsale gehören. So ermutigt Paulus die Christen, die ihn umringten und meinten, er sei tot:

》 Durch viele Drangsale müssen wir in das Reich Gottes gelangen.

Apostelgeschichte 14,22

Lukas kennt beides: Den Erfolg der Boten und die Drangsale, die sie erwarten. Und er macht daraus eine Lehre. Dies wird uns Christen alle erwarten. Lukas aber schreibt von der Drangsal auf dem Hintergrund der Wunder, die Gott wirkt. Paulus steht auf, obwohl man meint, er sei tot. Der Bote Jesu vermag in der Kraft Jesu Wunder zu wirken und er steht alle Drangsale durch. Es gehört trotzdem auch zur Nachfolge Jesu, dass seine Jünger durch viele Drangsale in das Himmelreich eingehen. Sie erwartet das gleiche Schicksal, wie es Jesus erlitten hat: Auch Jesus ist durch die Drangsal des Kreuzes zur Auferstehung gelangt. So geht auch unser Weg durch mancherlei Mühen und Leiden.

Wenn ich diese meisterhafte Erzählung des Lukas auf dem Hintergrund unserer heutigen Situation meditiere, dann fallen mir drei Aspekte auf.

Der erste Aspekt ist: Wir dürfen uns als Boten nicht als Guru feiern lassen. Paulus und Barnabas werden von den heidnischen Zuhörern vergöttert. Doch sie wehren sich dagegen, sie seien genauso nur Menschen wie die Zuhörer. Wir sollen der Kraft der Botschaft trauen, die manches Wunder auch heute zu wirken vermag. Aber zugleich sollen wir uns nichts darauf einbilden, sondern uns immer als Menschen fühlen, die die gleichen Bedürfnisse haben wie die Zuhörer.

Der zweite Aspekt: Wir sollen an den Erfahrungen der Menschen – der Heiden und der Menschen, die keine Ahnung haben von christlicher Tradition – anknüpfen. Die Natur ist eine Lehrmeisterin, die uns etwas von Gott offenbart. Dieser Gott ist kein schrecklicher Gott, sondern einer, der für uns sorgt. Der uns fruchtbare Zeiten schenkt, der uns Gutes tut und unser Herz mit Freude erfüllt. Immer dann, wenn etwas in uns aufblüht, können wir Gott erfahren. Und überall dort, wo wir Freude in unserem Herzen erfahren, begegnen wir Gott. Die Kunst des Lukas ist es, an die Erfahrungen der Menschen anzuknüpfen und sie auf Gott hin zu öffnen. Darin besteht auch unsere Aufgabe. Wir sollen uns in die Menschen hineindenken: Was macht ihnen Freude? Wo spüren sie Lebendigkeit und Fruchtbarkeit? Und diese Erfahrungen sollen wir auf Gott hin öffnen.

Der dritte Aspekt: Auch unser Weg führt über manche Drangsale. Wir sollen uns das Leid nicht suchen. Das wäre masochistisch. Aber wir sollen damit rechnen, dass wir als Christen und als Verkünder der Botschaft Jesu auch auf Widerstand stoßen, dass wir verletzt und manchmal auch gesteinigt werden, weil wir Worte sagen, die nicht allen gefallen. Wir sollen uns nicht verbiegen, sondern die Botschaft Jesu aufrecht verkünden, ganz gleich, ob sie ankommt und wir dankbar den Erfolg genießen dürfen oder ob man gegen uns vorgeht, weil man unsere Worte nicht verträgt.

11

Konfliktlösung in der Kirche

Lukas erzählt uns meisterhaft, wie die frühe Kirche Konflikte löste. Es handelt sich um den Konflikt zwischen Judenchristen und Heidenchristen. Einige der Judenchristen forderten von den Heidenchristen, dass sie sich beschneiden lassen und das alttestamentliche Gesetz vollständig beachten. Die heidenchristliche Gemeinde in Antiochia ist darüber beunruhigt und so schicken sie Paulus und Barnabas nach Jerusalem. Sie erkennen also die Jerusalemer Gemeinde als das eigentliche Haupt der Kirche an. Man könnte sagen: Sie erkennen das Lehramt der universalen Kirche an. Sie wollen in Verbindung mit der Kirche von Jerusalem bleiben und im Einklang mit den Aposteln ihren Glauben leben, ohne dass sie die Beschneidung und das jüdische Gesetz auf sich nehmen müssten.

Lukas erzählt uns sehr anschaulich, wie das Apostelkonzil abläuft. Apostelkonzil ist ein missverständlicher Ausdruck, denn eigentlich schildert uns Lukas die Vollversammlung der christlichen Gemeinde in Jerusalem (Vgl. Neuberth, 62f). Die Apostel spielen dabei eine wichtige Rolle. Aber es ist die Ekklesia, die Kirche, die Versammlung aller Gläubigen. Lukas erzählt wieder voller Spannung, was da geschieht. Zunächst entsteht ein heftiger Streit. Doch dann tritt Petrus auf und hält eine Rede, in der er von der Bekehrung und Taufe des Heiden Kornelius erzählt. Gott selbst hat die Entscheidung für die Heidenmission getroffen, indem er Petrus durch einen Traum zu Kornelius gesandt und über die Heiden den Heiligen Geist ausgegossen hat. Petrus verkündet hier gleichsam die paulinische Theologie, dass wir nicht durch das Gesetz, sondern durch die Gnade Jesu gerettet werden (Apostelgeschichte 15,11). Allerdings unterscheidet sich die lukanische Theologie etwas von Paulus. Bei Paulus ist es der Glaube, der uns rettet. Für Lukas ist es die Gnade Jesu, die uns heilt und rettet. Sie rettet die Juden genauso wie die Heiden. Auf diese Rede hin schweigen alle Zuhörer. Jetzt kann Lukas Paulus und Barnabas erzählen lassen, welche Wunder Gott an den Heiden gewirkt hat.

Danach tritt Jakobus auf, der als Vertreter der Judenchristen gilt. Petrus argumentierte mit dem Geschehen, das in der Bekehrung des Kornelius für die Menschen offenbar geworden ist. Jakobus bringt nun den Schriftbeweis, dass die Heiden Christen werden können. Er zitiert die Propheten Amos und Jeremia, um zu zeigen, dass Gott auch die Heiden zum Glauben berufen hat. Allerdings zitiert Lukas die Übersetzung der Septuaginta, die von den übrigen Menschen spricht, während der hebräische Text vom Rest Edoms spricht. Nach dem Schriftbeweis folgert Jakobus, dass man den Heiden keine Lasten aufbürden sollte. Doch dann zählt er vier rituelle Forderungen auf. Sie entsprechen dem, was Mose in Levitikus 17 und 18 für die Heiden verlangt hat. Jakobus begründet also auch diese vier Forderungen biblisch. Es sind die Forderungen, die Mose nicht den Juden, sondern den Heiden, die unter den Juden wohnten, auferlegt hat. Damit will Lukas zeigen, dass die Heidenmission im Einklang mit Mose steht, dem großen Gesetzgeber Israels.

Die Kirche soll den Heiden keine Lasten aufbürden und nur das von ihnen fordern, was ein gutes Miteinander zwischen Juden und Heiden ermöglicht. So hatte es damals Mose begründet. Das ist auch eine gute Regel für uns heute: Es gibt verschiedene Arten von Spiritualität. Die einen Menschen leben ihre Spiritualität asketischer, die anderen liberaler. Entscheidend ist, dass ein gutes Miteinander möglich ist.

Die beiden Reden des Petrus und des Jakobus überzeugen die Apostel und die Ältesten. Sie beschließen, Männer aus der Gemeinde auszuwählen und sie mit einem Dekret nach Antiochia zu senden. Lukas begründet also die Heidenmission mit einem offiziellen Beschluss der Gemeindevollversammlung in Jerusalem. Auf dieser Versammlung geht es nicht nur um die Durchsetzung einer Meinung, sondern darum, auf den Heiligen Geist zu hören. Daher beginnt Lukas das Dekret mit der feierlichen Einleitung:

» Der Heilige Geist und wir haben beschlossen, euch keine weiteren Lasten aufzuerlegen als diese notwendigen Dinge: Götzenopferfleisch, Blut, Ersticktes und Unzucht zu meiden. Wenn ihr euch davor hütet, handelt ihr richtig. Lebt wohl.

Apostelgeschichte 15,28f

Die Apostel haben miteinander gestritten und um eine Lösung gerungen. Sie haben dabei nicht nur auf die Meinung der anderen gehört, sondern auch auf die Stimme des Heiligen Geistes.

Das ist auch ein Vorbild für unsere Zeit. Lange Zeit hat man in der Kirche die gegensätzlichen Meinungen mit dem Hinweis auf die Unfehlbarkeit des Papstes überspielt. Damit war die Sache gelöst. Doch das Apostelkonzil zeigt uns einen anderen Weg: Es geht darum, die verschiedenen Meinungen darzulegen und dann im Hören auf die Heilige Schrift (Jakobus), im Deuten der Zeichen der Zeit

(Petrus) und im Hören auf das, was der Heilige Geist uns sagen möchte nach einer Lösung zu suchen, die für alle gültig ist. Das Apostelkonzil rechtfertigt so etwas wie ein Lehramt der Kirche. Aber dieses Lehramt darf nicht autoritär Beschlüsse fassen, sondern nur wenn sie auf die Heilige Schrift, auf die Zeichen der Zeit und auf den Heiligen Geist hört.

Dieses dreifache Hören gilt nicht nur für das Lehramt, sondern für jede theologische Diskussion in der Kirche. Es dürfen verschiedene Meinungen gelten. Aber in entscheidenden Fragen muss eine Entscheidung getroffen werden. Die Entscheidung betrifft nicht die Lehre, die Dogmatik der Kirche, sondern die Art und Weise, wie Christen miteinander in Eintracht leben können. Die Apostel haben mit ihrer Entscheidung nicht nur die Heidenmission legalisiert. Sie haben auch einen Weg gefunden, wie Judenchristen und Heidenchristen gut miteinander leben und vor allem miteinander Tischgemeinschaft haben konnten. Damit haben sie die Spaltung verhindert.

Die Kirchengeschichte zeigt leider viele Beispiele, in denen man nicht auf diese drei Stimmen gehört, sondern immer wieder die Machtfrage ins Spiel gebracht hat. Wenn es nur um die Macht des Stärkeren geht, ist keine theologische Diskussion möglich. Lange Zeit hat man in der Kirche autoritär manche Meinungen einfach abgelehnt und sie abqualifiziert, weil sie nicht mit dem Glauben übereinstimmen. Man hat dabei theologische Diskussionen nicht zugelassen.

Das Apostelkonzil, das uns Lukas so meisterhaft schildert, ist demgegenüber ein Bild für die Diskussion in der Kirche und für die Art und Weise, wie Christen miteinander Konflikte lösen sollen. Konflikte können nur gelöst werden, wenn wir aufeinander hören und miteinander auf den Heiligen Geist hören, der durch die Bibel und durch die geschichtlichen Tatsachen zu uns spricht.

Wenn man die lukanische Darstellung des Apostelkonzils mit der Schilderung des Paulus im Galaterbrief vergleicht, dann stellt man viele Gemeinsamkeiten fest. Aber man spürt auch den Unterschied. Lukas geht es vor allem um Versöhnung, während Paulus vor allem auf das Rechthaben abzielt. Paulus ist es wichtig, das Evangelium unverfälscht zu verkünden. Doch spürt man bei ihm auch die Tendenz, dass er recht haben will, dass er die Wahrheit des Evangeliums vertritt, während er Petrus einen Heuchler nennt, weil dieser mit Rücksicht auf die Judenchristen nicht mit den Heiden zusammen Mahl halten wollte. Nach dem Apostelkonzil, wie Lukas es uns beschreibt, gibt es Ruhe zwischen Judenchristen und Heidenchristen. Bei Paulus spürt man dagegen die Spaltung. Diese spalterische Tendenz zeigt sich bei ihm auch einige Verse nach der Beschreibung des Apostelkonzils. Da machen sich Paulus und Barnabas auf den Weg, um das Wort Gottes den heidnischen Gemeinden zu verkünden. Doch weil Barnabas auch Markus mitnehmen wollte, kam es »zu einer heftigen Auseinandersetzung, sodass sie sich voneinander trennten« (Apostelgeschichte 15,39). Barnabas nimmt Markus mit und segelt mit ihm nach Zypern. Paulus wählt sich einen anderen Begleiter: Mit Silas zieht er durch Syrien und Zilizien. Gott kann selbst die Spaltung der Jünger noch in einen Segen verwandeln. Die Brüder, die sich zerstritten haben, missionieren jetzt verschiedene Gebiete.

Paulus selbst schildert den Grund für den Streit mit Barnabas im Galaterbrief anders. Weil Barnabas sich dem Petrus angeschlossen hatte und nicht mehr mit den Heiden aß, hat er sich von ihm getrennt. (Galater 2,13f) Paulus betont im Galaterbrief, dass er theologisch nicht übereinstimmt mit Petrus und Barnabas, dass es um eine grundsätzliche Differenz geht. Man spürt, wie Lukas diesen grundsätzlichen Streit entschärfen wollte, indem er eine persönliche Enttäuschung durch Johannes Markus, der offensichtlich ohne Billigung des Paulus von seiner ersten Missionsreise abgereist und wieder nach Jerusalem zurückgefahren ist (Apostelgeschichte 13,13), als Grund für die Trennung angab. Lukas liegt es aber daran, den Frieden zu betonen, der durch das Apostelkonzil zwischen Juden- und Heidenchristen entstanden ist.

Zwar schildert er uns nach dem Apostelkonzil immer wieder Situationen, in denen Juden sich gegen Paulus wandten und auch die Heiden anstachelten, sich gegen ihn zu stellen. Doch grundsätzlich wurde für Lukas das Problem der Tischgemeinschaft zwischen Juden und Christen und das Problem des Gesetzes gelöst. Lukas ist in seiner psychischen Struktur versöhnlicher als Paulus. Er verbindet die Menschen miteinander. Paulus hat in sich immer auch eine spaltende Tendenz. Wir brauchen heute in der Kirche beide Typen: Einen Paulus, der um die Wahrheit ringt, und einen Lukas, der die verschiedenen Gruppierungen zusammenbringt und versöhnt. Meine Sympathie hat dabei eher Lukas. Ich weiß aus eigener Erfahrung, dass sich immer dann, wenn ich die Wahrheit zu sehr betone, auch die Tendenz der Rechthaberei einschleicht. Lukas zeigt mir, wie relativ alle Sätze über die Wahrheit sind. Gott ist die eigentliche Wahrheit. Aber er ist jenseits aller menschlichen Worte. Wir können im Blick auf Gott nur versuchen, Wege zu finden, wie wir trotz aller Verschiedenheit versöhnt miteinander leben können.

12

Die Purpurhändlerin Lydia

Aufgrund eines Traumes war Paulus nach Europa gefahren und kam so nach Philippi. Philippi war eine Stadt von italienischen Kolonisten, vor allem von ausgedienten römischen Soldaten und Beamten. Da gab es kaum Juden. Paulus sucht am Fluss eine kleine Gebetsstätte. Dort sind nur ein paar Frauen versammelt. Unter ihnen ist Lydia, eine reiche Purpurhändlerin. Sie stammt aus Thyatira, dem Mittelpunkt der Purpurfärberei. Purpurstoffe waren eine Luxusware für reiche Leute, also war Lydia offensichtlich reich. Sie hatte ein großes Haus mit vielen Sklaven. Sie ist nicht Jüdin, aber sie schließt sich den frommen jüdischen Frauen an, um am Sabbat mit ihnen Gottesdienst zu feiern. Von ihr heißt es, dass der Herr ihr Herz öffnete, sodass sie den Worten des Paulus aufmerksam zuhörte und sie in ihr Herz aufnahm. Sie ließ sich mit ihrem ganzen Haus taufen und lud Paulus und seine Begleiter ein, bei ihr im Haus zu wohnen.

Lukas ist Grieche. Er hat sein Evangelium für den griechischen Mittelstand geschrieben, also auch für Handwerker, Händler und Großgrundbesitzer. So erzählt er, dass Paulus auch dieser reichen Frau das Evangelium predigt und dass sie sich daraufhin bekehrt und sich taufen lässt. Im ersten Korintherbrief schreibt Paulus, dass die Gemeinde vor allem aus Menschen der unteren Schicht bestand, aus Sklaven und einfachen Lohnarbeitern. Hier ist es aber eine reiche Frau, die den Glauben annimmt, die nur nicht mit ihrem Reichtum prahlt. Sie geht trotzdem in das Gebetshaus mit allen anderen Frauen. Sie hört auf die Bibel und lässt sich von der Auslegung des Paulus berühren. So teilt sie ihren Reichtum mit den Brüdern und Schwestern, indem sie Paulus und seine Begleiter in ihr Haus aufnimmt. Sie wird zur Leiterin der kleinen Kirche in Philippi. Es war eine Hauskirche. Ihr ganzes Haus ließ sich taufen. Es ist zu vermuten, dass sich die Frauen, mit denen sie sich bisher im jüdischen Gebetshaus getroffen hatte, jetzt auch zu ihr ins Haus kamen, um dort Gottesdienst zu feiern. Welche Art von Gottesdienst das war, verrät uns Lukas nicht. Vielleicht haben sie dort miteinander Eucharistie gefeiert. Lydia wurde offensichtlich zu einer Gemeindeleiterin. Frauen spielten also in der frühen Kirche eine wichtige Rolle - das zeigt uns Lukas in dieser Geschichte von Lydia.

Lukas zeigt auch, dass die frühen Christen ihren Glauben vor allem in Hauskirchen lebten. Kliesch beschreibt diese Hauskirchen so:

> In der Urkirche waren es vor allem einzelne Häuser, in denen sich die Gläubigen trafen, um das Wort Gottes zu bedenken, Jesus Christus in ihrer Mitte zu spüren, gemeinsam zu essen und die Eucharistie zu feiern [...] Es waren überschaubare Gruppen von Christen aus allen Schichten. Das schaffte Geborgenheit. Man kannte sich. Der persönliche Kontakt mit dem anderen war intensiv. Nähe konnte erlebt und gefühlt werden. Die Mitte bildete Jesus Christus. Sein Geist hielt alle zusammen.
> Kliesch, 113f

Das Modell der Hauskirche war für die Urkirche prägend. Es könnte auch heute, angesichts des Priestermangels und der sich auflösenden Volkskirche ein Modell sein, wie der christliche Glaube auch heute glaubhaft gelebt werden kann. Wie dieser Glaube in überschaubaren Gemeinschaften den Menschen, die sich der anonymer werdenden Welt ausgesetzt fühlen, Heimat und Geborgenheit und einen Ort spiritueller Erfahrung geben kann.

Lukas vertritt in seinem Evangelium das, was die Befreiungstheologie »Option für die Armen« nennt. Die Reichen sollen ihren Reichtum mit den Armen teilen. Doch bei allem Einsatz für die Armen dürfen wir auch die Reichen nicht von unserer Predigt und Seelsorge ausschließen. Entscheidend ist, dass wir uns ihnen nicht anpassen, sondern das Wort Gottes ihnen so verkünden, dass sie es verstehen und annehmen können. Wir dürfen niemanden von der Botschaft des Evangeliums ausschließen. Sie gilt allen Menschen, den Armen und den Reichen. Und sie gilt Männern und Frauen. Es ist ja gerade eine Frau, die hier eine neue Kirche gründet. Die kleine Hausgemeinschaft, die durch die Taufe in ihrem Haus entsteht, ist Kirche. Frauen spielen in der frühen Kirche eine wichtige Rolle. Lydia stellt ihr Haus zur Verfügung. In der kleinen Gebetsstätte von Philippi verkündet Paulus das Evangelium ausschließlich Frauen und führt ein Gespräch mit ihnen. Das ist Lukas offensichtlich wichtig. Allerdings sagt uns Lukas nicht, wie Paulus zu den Frauen gesprochen hat. Offensichtlich spricht er aber so zu ihnen, dass Lydia ihr Herz für den Herrn öffnet.

Die Geschichte der Lydia ist eine Herausforderung für uns heute: Theologie kann heute nur von Männern und Frauen gemeinsam entfaltet werden. Im Gespräch zwischen Männern und Frauen wird die einseitig männliche Sicht des Glaubens aufgebrochen und der weiblichen Sicht Rechnung getragen. Die kurze Bemerkung des Lukas über die Frauengruppe in Philippi zeigt, wie wichtig die Frauen bei der Verbreitung des Evangeliums in der frühen Kirche waren. Das ist auch eine Anfrage an uns, wie weit wir den Frauen den Raum gewähren, auf ihre Weise die Frohe Botschaft von Jesus zu verkünden.

13

Das Lob Gottes zerbricht die Fesseln

Lukas erzählt uns eine wunderbare Geschichte von der Befreiung der Gefangenen Paulus und Silas. Beide werden ins Gefängnis von Philippi geworfen und ihre Füße in den Block geschlossen.

>> Um Mitternacht beteten Paulus und Silas und sangen Loblieder; und die Gefangenen hörten ihnen zu. Plötzlich begann ein gewaltiges Erdbeben, sodass die Grundmauern des Gefängnisses wankten. Mit einem Schlag sprangen die Türen auf, und allen fielen die Fesseln ab.

Apostelgeschichte 16,25f

Paulus und Silas flehen Gott nicht an, er möge sie aus dem Gefängnis befreien. Vielmehr singen sie mitten im Gefängnis, in einer Situation, in der sie nicht wussten, ob sie jemals wieder freikämen, Loblieder. Indem sie Gott loben, relativiert sich ihre Situation. Und das Lob Gottes zeigt Wirkungen. Die Fesseln fallen ihnen ab und die Türen springen auf.

Lukas schreibt nicht theologisch über das Beten. Er zeigt in einer Erzählung auf, wie Beten geht und was es bewirkt. Aber hier ist nicht irgendein Beten gemeint, sondern das Loben Gottes, das Singen von Lobliedern. Das kommt uns heute befremdlich vor. Doch mich erinnert diese Erzählung an den Satz von Henri Nouwen, der nach seinem Aufenthalt im Trappistenkloster schrieb:

> Klöster baut man nicht, um Probleme zu lösen, sondern um Gott mitten aus den Problemen heraus zu loben.
> Nouwen, 261

Die beiden Gefangenen bitten Gott nicht, dass er ihr Problem löst, sondern mitten aus dem Problem heraus loben sie Gott. Das erscheint paradox. Aber ich kenne diese Erfahrung: Wenn es mir nicht gut geht und wir in der Vesper Lobpsalmen singen, dann spüre ich zunächst einen Widerstand. Ich bin nicht in der Stimmung, Lobpsalmen zu singen. Doch wenn ich mich darauf einlasse, dann löst sich meine Stimmung. Ich merke, wie sich alles relativiert. Ich gebe die Fixierung auf meine Probleme, meine Angst, auf meine Enge, mein Gefangensein in alten Denkmustern, in kranken Lebensprägungen, auf. Ich schaue zu Gott. Und da löst sich etwas in mir. Da tun sich auf einmal die Türen auf und ich spüre eine innere Weite.

Die Geschichte der Befreiung geht weiter. Der Gefängniswärter möchte sich töten. Er hat Angst vor der Bestrafung durch seine Vorgesetzten, weil seine Gefangenen entflohen sind. Doch Paulus ruft ihm zu:

> Tu dir nichts an. Wir sind noch alle da.
> Apostelgeschichte 16,28

Schließlich nimmt er Paulus und Silas in seine Wohnung auf, wäscht ihre Striemen und bewirtet sie. Und er lässt sich taufen. Viele Exegeten sind nur an der Bekehrung interessiert. Aber die erbauliche

Erzählung des Lukas hat noch eine tiefere Bedeutung: Der Gefängniswärter kann auch ein Bild sein für die innere Kontrollinstanz, die uns gefangen hält. In der Begleitung erlebe ich Menschen, die ihre eigene Kontrollinstanz erkennen. Sie möchten sie sofort loswerden, sie gleichsam töten. Doch das Kontrollieren ist ja auch eine Kraft. Wenn ich es total aufgebe, bin ich ungeschützt. Es geht darum, wie uns Lukas schildert, mit der Kontrollinstanz ins Gespräch zu kommen und sie zu verwandeln. Dann kann der Gefängniswärter zum Heiler werden und zu dem, der mich an seinem Tisch nährt. Dann spüre ich, dass das Kontrollieren mich auch schützt, dass ich nicht formlos werde und innerlich auseinanderfalle. Aber im Loben distanziere ich mich von der Tendenz, alles kontrollieren zu wollen. Ich schaue aus meinem Gefängnis der Kontrolle zu Gott. Das lässt die Türen aufsprengen und die Fesseln abfallen.

Manche Exegeten halten diese wunderbare Erzählung für wertlos. Sie sei ohne historischen Hintergrund. Aber damit verkennen sie die Meisterschaft im Erzählen, wie sie uns Lukas in der Apostelgeschichte beweist. Plümacher meint, diese dramatische Erzählung wolle den Lesern auch heute noch vermitteln, »dass die Apostel sich schließlich immer als Herren der jeweiligen Situation, mag diese noch so ausweglos scheinen, erweisen. [...] Nie brauchen sie und ihre Sache einen Ort als Unterlegene zu verlassen« (Plümacher, 96f). Das ist die Botschaft der Erzählung für den Leser. Er sollte vertrauen, dass Gott auch ihn in aller Situation schützt, wenn er sich wie Paulus und Silas an ihn wendet und wenn er Gott zum Mittelpunkt seines Lebens macht. Aber Paulus vertraut nicht nur Gott, er vertraut auch auf die Menschenrechte. Auf das Recht, das er als römischer Bürger hat. So gibt er sich nicht damit zufrieden, dass er freigelassen wird. Die Beamten, die ihn ungerechterweise ohne

Urteil auspeitschen ließen, sollen selbst kommen und ihn freilassen. Paulus pocht also auf sein Recht als Mensch und Staatsbürger (Zmijewski, 616).

Die Botschaft können wir jedoch auch auf die persönliche Ebene ziehen. Wir können sie – um einen Begriff von C. G. Jung zu verwenden – auf der Subjektstufe deuten. Dies bedeutet, dass alles, was die Geschichte erzählt, ein Bild für das innere Geschehen in uns sein kann. Hier ist es ein Bild, wie wir durch das Loben Gottes aus dem inneren Gefängnis herausfinden und wie wir zu einer neuen Beziehung zu unseren inneren Gefängniswärtern kommen. Gerade indem Lukas erbaulich erzählt, zeigt er auf unser eigenes Leben, erzählt er vom Weg unserer eigenen Menschwerdung. Er gibt uns mit dieser Erzählung Mut, auch in schwierigen Situationen nicht im Jammern zu verharren, sondern mitten aus den Problemen heraus Gott zu loben. Das tun wir als Kirche ja immer wieder. Obwohl die Politik alles andere als erfreulich ist, wagen wir es dennoch, Gott zu loben. Im Lob Gottes greifen wir auf das befreiende Handeln Gottes voraus. Indem wir auf diesen Gott schauen, verwandelt sich unser Leben. Für die frommen Juden ist Loben und Leben identisch. Wer nicht lobt, der lebt auch nicht wirklich. So möchte uns Lukas nicht nur eine missionarische Geschichte erzählen, sondern eine spirituelle Geschichte, die uns zeigt, worauf es in der Spiritualität ankommt: Gott zu loben. Indem wir unseren Blick auf Gott richten, können wir auch unser eigenes Leben angemessener betrachten. Indem Gott die Mitte unseres Lebens wird, kommen wir in unsere eigene Mitte.

14

Die Areopag-Rede – im Dialog mit der Philosophie angemessen vom Glauben sprechen

Der Evangelist Lukas hat uns in der Areopag-Rede des Paulus eindrücklich vor Augen geführt, wie wir heute mit Menschen sprechen können, die sich nicht als Christen verstehen, aber doch auf der Suche sind. Er zeigt uns, welche Sprache wir bei Menschen verwenden können, die in der Philosophie oder Psychologie Antworten auf ihr Leben suchen oder die Gott leugnen. Lukas will mit dieser Rede auf dem Areopag den Lesern deutlich »die erfolgreiche und auch von den Heiden durchaus anerkannte Bewerbung des Christentums um Eintritt in die hellenistische Kulturwelt« (Plümacher, 97) vor Augen führen. Lukas lässt Paulus mit Vertretern von zwei philosophischen Schulen diskutieren, mit Stoikern und Epikureern.

> Das heißt: Gerade die Exponenten griechischer Bildung finden das Christentum der Beachtung wert.
> Plümacher, 98

Doch mich interessiert vor allem, wie Lukas mit diesen beiden Richtungen griechischer Philosophie umgeht und wie er ihnen die christliche Botschaft zu vermitteln sucht. Die Stoiker glaubten an Gott. Allerdings war das ein philosophischer Gott. Gott ist der Logos, der die ganze Welt gestaltet und durchwirkt. Er ist das Feuer, das alles bewegt. Und Gott ist der Geist, der alles durchdringt. Es gibt allerdings kaum eine persönliche Beziehung zu Gott. Gott ist die Weltvernunft. Und da der Mensch an dieser Weltvernunft teilhat, hat er auch Anteil am Göttlichen.

Die Schule des Epikur leugnet die griechischen Götter zwar nicht, aber sie spielen auch keine Rolle. Sie leben für sich und haben keine Beziehung zum Menschen. Im Tod löst sich der Mensch in Nichts auf. Es geht nur um das Glück und die Zufriedenheit des Menschen. Sie vertreten also einen praktischen Atheismus, mit dem sich Paulus auseinandersetzt.

Zunächst diskutiert Paulus mit Vertretern dieser Schule. Manche verspotten Paulus und nennen ihn einen Schwätzer. Wörtlich heißt es: einen Körnerpicker. Damit bezeichnet man einen Menschen, der fremde Gedanken aufschnappt und unverstanden weitergibt (vgl. Haenchen, 455). Die epikureischen Philosophen lehnen Paulus ab, die stoischen zeigen immerhin Interesse. Aber sie verstehen Paulus falsch. Sie meinen, er würde neue Gottheiten verkünden. Jesus und die Auferstehung (anastasis) seien gleichsam Gott und Göttin. So laden sie Paulus ein, er solle mit ihnen auf den Areopag gehen und ihnen genauer erklären, welche neue Lehre er bringe. Lukas hat in der Schilderung dieser Szene immer die Gestalt des Sokrates im Blick, der von den Athenern verurteilt wurde, weil er ein anderes, neues Bild von Gott verkündet hat.

Paulus hält nun eine Rede, die für unseren heutigen Dialog mit Menschen, die der Kirche fernstehen, Vorbild sein könnte. Zunächst beginnt Paulus mit einer *captatio benevolentiae*, also dem Versuch, die neugierigen Zuhörer für sich zu gewinnen, indem er sie als besonders fromme Menschen bezeichnet. Und er wendet sich bewusst an die Anhänger der stoischen Philosophie. Sie waren für ihn die einzig ernst zu nehmenden Gesprächspartner in Athen. Die griechischen Priester hingegen waren reine Kultdiener, sie hatten beim Volk kein Ansehen. Lukas erkennt in dieser Rede all das Gute an, das die griechischen Philosophen über das Geheimnis des Menschen ausgesagt haben. Und er lobt den spirituellen Eifer der Griechen, die in ihrer Stadt viele Tempel und Altäre aufgebaut haben.

Paulus – so wie Lukas ihn sieht – bezieht sich vor allem auf den Altar mit der Aufschrift »Einem unbekannten Gott«. Daran knüpft er an:

》》 Was ihr verehrt, ohne es zu kennen, das verkünde ich euch.

Apostelgeschichte 17,23

Vermutlich gab es in Athen keinen Altar »Dem unbekannten Gott« in der Einzahl, sondern nur einen »Den unbekannten und fremden Göttern«. Und dieser war weniger Ausdruck der spirituellen Suche als vielmehr der Furcht, man könnte einen Gott der anderen Völker vergessen haben und dann seiner Strafe anheimfallen. Und er entsprang dem politischen Kalkül, die politischen Verbindungen mit den Ländern, in denen den Griechen unbekannte oder fremde Götter verehrt wurden, zu intensivieren (vgl. Klauck, 86f). Lukas sagt nicht »Wen ihr verehrt«, sondern »Was ihr verehrt«:

》》 Lukas hütet sich also, der Altarinschrift ein klar umrissenes personales Gottesbild unterzuschieben. Ein Ahnen dessen der menschlichen Seele sieht er gegeben, aber die wesentlichen Inhalte christlicher Verkündigung können nicht allein durch Besinnung auf die religiösen Traditionen der Menschheit gefunden werden.

Klauck, 87

Nachdem Paulus sich des Interesses seiner Zuhörer vergewissert hat, beginnt er mit Aussagen, die ihm auch die stoischen Philosophen abnehmen könnten. Er spricht von der Erschaffung der Welt durch Gott. Und er greift die religionskritischen Vorstellungen der Stoa auf, dass Gott nicht in Tempeln wohnt. Von diesem Gott sagt Paulus, dass er sich nicht bedienen lässt, sondern dass er »allen das Leben, den Atem und alles gibt« (Apostelgeschichte 17,25). Damit möchte Paulus seinen Zuhörern vermitteln, dass sie von Gottes Gaben leben. Alles, was sie an Fähigkeiten haben, stammt von Gott.

Die nächste Aussage kann man verschieden verstehen:

>> Gott schuf aus einem einzigen Menschen das ganze Menschengeschlecht.

Apostelgeschichte 17,26

Man könnte das »ex henos« aber auf dem Hintergrund griechischer Philosophie auch mit »aus dem Einen« übersetzen. Das Eine – »to hen« – ist für die griechische Philosophie eines Parmenides und eines Heraklit das Grundprinzip allen Seins. Das Eine ist zugleich Alles. Sowohl das Viele als auch das Gegensätzliche stammt aus dem Einen. So wird hier keine biologische Aussage über den Ursprung des Menschen gemacht, sondern eine Philosophie des Einen sichtbar. Lukas bezieht sich auf die Sehnsucht der Griechen nach dem »einen Urgrund allen Seins«. Aus diesem Urgrund des Seins hat Gott den Menschen geschaffen. Die Menschen haben teil am ganzen Kosmos, sie sind aus dem gleichen Sternenstaub geschaffen. So sind sie auch in ihrem Wesen eins. Und da sie aus dem Einen geschaffen sind, haben sie auch Anteil an dem einen Gott, der der Grund des »to hen«, »des Einen« ist. Die Wesenseinheit sollte dann auch zu einem Miteinander führen, das nicht spaltet, sondern vereint.

Gott hat die Menschen erschaffen, »dass sie Gott suchen sollten, ob sie ihn ertasten und finden könnten, denn keinem von uns ist er fern« (Apostelgeschichte 17,27). Paulus gesteht den Zuhörern zu, dass auch sie dieser Aufgabe des Menschen nachkommen, Gott zu suchen. Aber es ist für ihn nicht selbstverständlich, dass sie ihn wirklich finden könnten. Vor dem Finden steht bei Lukas das eigenartige und seltene Wort »pselaphaein«, »ertasten«. Philo deutet dieses Wort als Erfassen des Göttlichen. Doch Lukas bringt dieses Wort auch in der Auferstehungsgeschichte. Jesus fordert die Jünger auf, ihn zu ertasten. Und er antwortet auf das Ertasten der Jünger mit dem stoischen Wort:

 Ego eimi autos. – Ich bin es selbst.
Lukas 24,39

Er meint also nicht nur ein geistiges Erfassen, sondern ein wirkliches Berühren. Und das Ziel dieses Ertastens ist, mit sich selbst, mit seinem wahren Selbst in Berührung zu kommen und das Geheimnis der eigenen Person in der Begegnung mit dem Göttlichen, das ich in der Natur ertaste, zu erkennen.

In der Areopag-Rede ist Begründung des Lukas für dieses Ertasten:

 Denn keinem von uns ist er fern.
Apostelgeschichte 17,27

Weil Gott uns also nahe ist, weil er uns in der ganzen Schöpfung umgibt, lässt er sich in allem, was wir ertasten, berühren. Wir berühren in den Blumen Gott als den Schöpfer. Und umgekehrt können wir sagen: Überall dort, wo wir uns wirklich berühren lassen, berührt uns Gott. Diese Aussage ist gerade im Dialog mit den suchenden Menschen ein Schlüsselwort. Wenn ein Mensch sich in seinem Herzen berühren lässt, begegnet er Gott, oder, wie es Lukas ausdrückt, findet er Gott. Dort, wo uns die Schönheit einer Blume, die Schönheit eines Menschen, die Schönheit einer Landschaft, oder die Schönheit eines Bildes berührt, berührt uns letztlich Gott.

Dieses Berühren meint in seinem Kern deutlich mehr, als etwas anzufassen. Was geschieht wirklich, wenn ich eine Blume oder zartes Gras berühre? Was oder wen berühre ich da? Letztlich ist es immer das Geheimnis des Lebens, das Geheimnis Gottes, das ich berühre. Für die Stoa wäre es das Geheimnis der göttlichen Weltvernunft oder auch des göttlichen Feuers, des göttlichen Geistes, der alles durchdringt. Lukas hingegen interpretiert es als den Gott und Vater Jesu Christi, den wir in allem, was wir ertasten, berühren.

Lukas entfaltet die Nähe Gottes mit einem Satz, der auch von einem stoischen Philosophen stammen könnte:

》》 Denn in ihm leben wir, bewegen wir uns und sind wir, wie auch einige von euren Dichtern gesagt haben: Wir sind von seiner Art.
Apostelgeschichte 17,27f

Seneca sagt, dass Gott in jedem von uns wohnt. Lukas dreht das um: Wir leben in Gott. In Gott bewegen wir uns. In allem sind wir von Gottes Gegenwart umgeben. Wir leben in dem Einen, aus dem wir geschaffen wurden. Und dann zitiert Lukas ein Wort des Dichters Aratos von Soloi aus dem 3. Jahrhundert vor Christus: »Wir sind von seiner Art«. Die stoische Philosophie versteht dieses Wort pantheistisch:

> Was man Götter nennt, sind Bestandteile dieser Welt, innerweltliche Kräfte, vom Menschen nicht prinzipiell, sondern nur graduell verschieden.
>
> Klauck, 93

Lukas deutet es als Geschenk von Gott, weil Gott uns nach seinem Ebenbild geschaffen hat. Und Lukas sieht darin die Würde des Menschen begründet, da wir von Gottes Art sind. Daher sollen wir keine selbstgemachten Götter verehren, sondern den Gott, der unserem Denken entspricht. Dem Gott, der Geist ist und der alles durchdringt.

Lukas argumentiert bis jetzt das eine Mal mit der Schöpfungsspiritualität, wie sie die griechischen Philosophen kennen, und ein andermal mit Zitaten aus der griechischen Literatur. Er »nimmt Formulierungen aus der den Hörer(inne)n bekannten Literatur auf, von Kleanthes, Plato, Euripides, Hesiod, allerdings keine genauen Zitate. Die Hörer(innen) fühlen sich aber in der ihnen bekannten Denkwelt und Sprache angesprochen und gewürdigt« (Hecht 106).

Doch Paulus schließt seine Rede mit dem Hinweis auf die Auferstehung Jesu. Gott hat Jesus vor allen Menschen dadurch ausgewiesen, »dass er ihn von den Toten auferweckte« (Apostelgeschichte 17,31). Paulus will die philosophischen Zuhörer, die so sehr nach Erkenntnis – Gnosis – streben, zur »Umkehr von der Unwissenheit zur wahren Erkenntnis beziehungsweise zur wirklichen Einsicht in Gottes Wirken« (Hecht, 106) führen. Er möchte also ihre Sehnsucht nach Erkenntnis ansprechen und sie zu einer Erkenntnis bringen, die sich auch auf den Tod und das, was im Tod geschieht, bezieht. Diese Botschaft geht über das hinaus, was die stoischen Philosophen bisher gedacht haben. Daher tun sie sich schwer, sie für sich anzunehmen.

Die meisten stoischen Philosophen reagieren deshalb ablehnend:

> Darüber wollen wir dich ein andermal hören.
> Apostelgeschichte 17,32

Paulus erlebt hier die Grenzen seiner Predigt. Dennoch schließen sich einige an und der Dialog geht weiter. Für Ernst Haenchen ist der Abgang des Paulus durchaus nicht kümmerlich. Lukas zeigt vielmehr, wie »Paulus aus einer schwierigen Lage glücklich herausgekommen ist« (Haenchen, 464). Immerhin kann Paulus einen kleinen Erfolg verbuchen, zumindest werden zwei bekehrte mit Namen genannt: Dionysius, der Areopagit, offensichtlich ein Philosoph, und Damaris, vermutlich eine Frau mit Rang und Namen aus Athen. Paulus wird von griechischen Philosophen ernst genommen. Allerdings zeigt die Ablehnung der meisten Philosophen:

> Der ganze Glaube kann nicht als organische Fortsetzung des Bisherigen vermittelt werden, sondern setzt an einem bestimmten Punkt auch Wagnis, Entscheidung, Bruch mit der Vergangenheit und Aufbruch ins Ungewisse voraus.
> Klauck, 97

Lukas vollbringt mit dieser Areopag-Rede eine große Leistung. Er zeigt den christlichen Lesern, dass ihr Glaube »durchaus auch vernünftig begründet werden kann, weil er ein dunkles Ahnen der Menschenseele in eine klare Entscheidung umsetzt und sich die besten Traditionen philosophischer Religionskritik aneignet. Dadurch festigt er das Identitätsgefühl seiner Gemeinden und hilft ihnen, jene schwierige Gratwanderung zu bewältigen, die im Spannungsfeld von Anknüpfung und Abgrenzungsbestrebungen, von Inkulturation und Evangelisierung immer wieder zu vollbringen ist« (Klauck, 100).

Für mich ist die Areopag-Rede, die Lukas im Dialog mit der stoischen und sokratischen Philosophie entworfen hat, eine Herausforderung, wie wir heute mit Menschen von Gott sprechen können, die sich schwertun, an Gott zu glauben. Mit denen, die vielleicht ähnlich den griechischen Philosophen an ein Weltgesetz oder eine Weltvernunft glauben, aber das personale Gottesbild der Christen ablehnen.

Lukas will seinen Zuhörern dieses personale Gottesbild nicht aufdrängen. Er bestätigt vielmehr zunächst die Nähe Gottes, wie sie auch die griechischen Philosophen verstanden haben, als eine Nähe des göttlichen Geistes, der alles durchdringt. Erst dann spricht er vom Handeln Gottes in der Geschichte. Gott greift jetzt in die Geschichte ein. Er hat über die Zeiten der Unwissenheit hinweggesehen und lässt jetzt den Menschen die Umkehr, das Umdenken verkünden.

Der Gedanke der Auferstehung löst bei den meisten Zuhörern Abwehr hervor. Doch einige lassen sich von den Worten des Paulus berühren. Das ist für uns auch eine Hoffnung, dass einige Menschen verstehen werden, was wir meinen, wenn wir von der Auferstehung der Toten sprechen. Denn auch sie entspricht unserer tiefsten Sehnsucht. Und der Auferstandene kann zum Lehrer in eine tiefere Weisheit und Erkenntnis werden. Es geht also nicht darum, gegen die Vernunft zu argumentieren, sondern die Vernunft zu einer höheren Form der Erkenntnis zu übersteigen.

Die Areopag-Rede kann man nicht zu oft meditieren. Sie ist eine ständige Herausforderung an uns, uns in die heutigen Menschen hineinzudenken, so wie Lukas sich in die Mentalität der griechischen Philosophen hineingefühlt hat. So können wir um eine Sprache ringen, die die Menschen berührt, die etwa als Psychotherapeuten arbeiten, die als Physiker forschen, die in der Gehirnforschung engagiert sind. All diese Menschen verlangen von uns, dass wir uns wie Lukas in ihre Mentalität hineinspüren, um dann die Botschaft Jesu nicht einfach als Bestätigung ihrer Forschung zu verkünden, sondern sie ihnen so nahezubringen, dass sie sich verstanden fühlen, dass aber zugleich eine tiefere Sehnsucht in ihnen angesprochen wird, eine Sehnsucht, die sie über all das Erforschbare hinausführt auf ein Geheimnis, das uns alle übersteigt und das uns doch zugleich immer umgibt. Peter Schellenbaum hat das in seiner psychologischen Sprache in einem Buchtitel so ausgedrückt: »Im Einverständnis mit dem Wunderbaren« sein.

15

Paulus in Korinth

Die beiden Korintherbriefe zeigen die Spannung und die Konflikte, die zwischen Paulus und den Korinthern entstanden sind. Von diesen Spannungen und Missverständnissen ist in der Schilderung des Lukas nichts zu spüren, in seiner Schilderung gibt es nur eine Zäsur in der Missionierung des Paulus. Anfangs redete er vor den Juden und diese Predigt gipfelt in der Aussage, dass Jesus der Messias sei. Die Juden wehren sich dagegen und nicht gegen die Rechtfertigungslehre, wie man es aus den paulinischen Briefen herauslesen kann.

Korinth war 146 vor Christus von den Römern völlig zerstört worden, Julius Cäsar hatte es jedoch wieder aufbauen lassen. Korinth war ein bedeutender Handelsplatz mit einer gemischten Bevölkerung; unter ihnen gab es viele Sklaven und Handwerker und dazu ein großes berüchtigtes Rotlichtmilieu. In dieser Stadt gab es auch viele Mysterienkulte, die aus dem Osten stammten. Pausanias, der 100 Jahre nach Paulus die Stadt besucht, findet viele Altäre und Tempel, etwa von Dionysos, dem Gott des Rausches, und Asklepios, dem Gott der Heilung, dazu Heiligtümer ägyptischer Gottheiten wie Isis und Serapis.

In diese Situation hinein missionierte Paulus. Seine Mission begann mit der kleinen Hausgemeinde. In der Gemeinde gab es begüterte

Menschen, zum Beispiel Erastus, ein Stadtkämmerer; den Großteil machten aber wohl Handwerker und Sklaven aus. Man darf sich die christliche Gemeinde nicht besonders groß vorstellen. In einer Stadt mit 100.000 Einwohnern waren es etwa 200 Christen, die Mehrzahl vermutlich Heidenchristen.

Paulus hatte zuerst beim Ehepaar Priscilla und Aquila gewohnt und dort sein Handwerk ausgeübt. Sie waren offensichtlich recht reich und unter Kaiser Claudius aus Rom ausgewiesen worden. Die Einheitsübersetzung der Bibel beschreibt sie als Zeltmacher; vermutlich waren sie Lederbearbeiter und unterhielten eine eigene Werkstatt, in der Paulus neben anderen Mitarbeitern arbeiten konnte.

Doch als Silas und Timotheus aus Mazedonien mit einer größeren Geldspende eintrafen, konnte sich Paulus ganz der Missionierung widmen. Dadurch kann er sowohl Juden als auch Griechen (den Heiden) die Botschaft von Jesus als dem Messias verkünden. Als die Judenchristen sich dagegen wehren, wendet sich Paulus demonstrativ den Heiden zu. Doch er hatte auch bei den Juden Erfolg mit seiner Predigt. Der Synagogenvorsteher Krispus ließ sich mit seinem ganzen Haus taufen. Und viele andere Juden schlossen sich ihm an. Doch andere Juden wendeten sich gegen Paulus. Sie klagten ihn vor dem römischen Statthalter Gallio, einem Bruder des römischen Philosophen Seneca, an. Doch Gallio hält ihren Streit für einen innerjüdischen Streit und schickt sie vom Richterstuhl weg. Die Szene endet mit einer Schlägerei. Die Leute, vermutlich judenfeindliche Leute aus Korinth, verprügeln den Synagogenvorsteher Sosthenes. Doch Gallio kümmert sich nicht darum. Lukas möchte damit zeigen, dass die römische Staatsmacht dem Christentum gegenüber freundlich gesinnt ist und dass sie sich nicht einmischt in die theologischen Auseinandersetzungen zwischen Juden und

Christen. Es gibt keinen Grund für die römische Obrigkeit, die Christen zu verurteilen.

Paulus blieb besonders lange in Korinth, eineinhalb Jahre, so sagt Lukas. Das zeigt die besondere Bedeutung dieser Stadt für die heidnische Mission des Paulus. Die Korintherbriefe sind auf dem Hintergrund des Dirnenwesens (vgl. 1 Korinther 6) und der Mysterienkulte (vgl. 2 Korinther 3,18 und 4,6) zu lesen. Paulus übernimmt vor allem im 2. Korintherbrief viele Ausdrücke aus der Mysteriensprache. Einen kleinen Widerschein von der Mysteriensprache erkennen wir in der nächtlichen Vision des Paulus, von der Lukas schreibt. So wie in den Mysterienkulten die Gottheit oft den Mysten erscheint, so erscheint Christus selbst dem Paulus und ruft ihn dazu auf, ohne Furcht die Botschaft zu verkünden. Denn es wird ihm kein Leid widerfahren. Christus selbst wird ihn vor seinen Feinden beschützen. Paulus soll daher längere Zeit in Korinth bleiben:

》》 Viel Volk nämlich gehört mir in dieser Stadt.
Apostelgeschichte 18,10

Lukas will uns mit seiner Schilderung der Mission in Korinth zeigen, dass es auch unsere Aufgabe ist, sich mit allen Bewegungen heutiger Zeit auseinanderzusetzen: mit dem Thema Sexualität in unserer Gesellschaft, mit der Esoterikszene, mit anderen Religionen und mit den sozialen Unterschieden, wie sie die heutige Gesellschaft aufzeigt. Aber es braucht Zeit, bis wir mit allen Strömungen ins Gespräch kommen und bis wir etwas verwandeln können an der Einstellung unserer Gesellschaft zu religiösen, sozialen und moralischen Fragen. Aus der lukanischen Erzählung spricht sein Optimismus, dass sich im Dialog jede Strömung unserer Zeit verwandeln lässt, dass alles vom Geist Jesu durchdrungen werden kann, weil die Botschaft Jesu letztlich der Sehnsucht entspricht, die in all diesen Strömungen zum Ausdruck kommt.

Aber wir müssen gut hinhören, um die Sehnsucht der Menschen zu erahnen, die sich oft hinter eigenartigen Ausdrucksformen verbirgt. Nur wenn wir die Sehnsucht verstehen, die hinter allen Bewegungen steht, werden wir wie Paulus eine Sprache finden, die die Herzen der Menschen berührt. Aber wie Paulus dürfen wir nicht erwarten, dass uns die ganze Stadt zu Füßen liegt. Es werden immer nur einige sein, die sich vom Wort des Lebens ansprechen lassen.

16

Paulus in Ephesus

Von der Zeit des Paulus in Ephesus schreibt Lukas, dass Paulus dort zwei Jahre blieb, also noch länger als in Korinth. Daher hat die Mission in Ephesus auch eine ganz besondere Bedeutung für Lukas und hier geht es um die Begegnung mit dem Heidentum, das sich gegen Paulus wehrt. Es wirft Paulus vor, die Grundlage des heidnischen Götterglaubens zu untergraben und damit dem Devotionalienhandel zu schaden. Lukas erzählt die Auseinandersetzung mit dem heidnischen Götterglauben so spannend, um zu zeigen, dass das Christentum stärker ist als der Götterglaube. Lukas ist sich hier mit der Kritik der griechischen Philosophen einig, die gerade in Ephesus die Kommerzialisierung und Veräußerlichung des Glaubens an die Götter kritisiert haben. Wir dürfen – so sagen die griechischen Philosophen ähnlich wie Lukas – Gott beziehungsweise die Götter nicht in Götterstatuen anbeten. Gott ist der Schöpfer der ganzen Welt. Er wohnt überall und nicht nur in Tempeln.

Zunächst schildert Lukas, wie Paulus sich drei Monate lang in der Synagoge aufhält und die dortigen Juden vom neuen Weg Jesu überzeugen will (Apostelgeschichte 19,8ff). Doch als diese sich widersetzen, mietet er die Vorlesungshalle im Haus des Tyrannus und lehrt dort täglich über das Evangelium Jesu Christi. Dann schildert Lukas Wunder des Paulus in einem Stil, der uns befremdlich erscheint. Die Leute nehmen dem Paulus seine Taschentücher weg, legen sie den Kranken auf und erwarten sich davon Heilung. Als diese wirklich eintritt und die bösen Geister ausfahren, interessiert dies die jüdischen Dämonenbeschwörer. Auch sie möchten böse Geister austreiben. Doch da sie es nicht im Namen Jesu tun, werden sie von den Dämonen verprügelt. Die Wunder, die durch Paulus geschehen, bewegen viele Christen, ihre Zauberbücher zu verbrennen. Ephesus war berühmt wegen der vielen Zauberbücher, die es dort gab und deren Wert Lukas mit 50.000 Silberdrachmen angibt. So kann man sich vorstellen, dass viele Christen durchaus reich waren und dass sie nach ihrer Bekehrung immer noch die alten Zauberbücher besaßen und benutzten. Nicht durch moralische Appelle kann Paulus die Christen dazu bewegen, ihre Zauberbücher zu verbrennen, sondern durch die Wunder, die durch ihn geschehen. Die Christen spüren, dass der Geist Jesu mehr Kraft hat als all die Zauberpraktiken, die ihnen die Bücher ermöglichen.

Nach diesen spannend geschilderten Ereignissen setzt Lukas an, den Tumult der Silberschmiede gegen Paulus und gegen die christliche Lehre in allen Farben zu beschreiben. Der Firmeninhaber Demetrius, der silberne Artemistempel herstellte und vielen Künstlern damit Arbeit verschaffte, ruft seine Arbeiter zusammen und schimpft gegen Paulus. Er sagt, dieser wolle ihnen durch die Predigt die Grundlage ihres Wohlstands zerstören, da die von menschlichen Händen gefertigten Bilder keine Götter seien. Ephesus war wegen seines großen Artemistempels berühmt, der als eines der sieben Weltwunder galt. Die heidnischen Kreise in Ephesus bekamen nun Angst, der Artemiskult könne an Attraktivität verlieren. Daher rufen nun all die aufgebrachten Arbeiter laut »Groß ist die Artemis von Ephesus« (Apostelgeschichte 19,28) und es entsteht ein großer

Aufruhr. Alle ziehen zum Theater, das 26.000 Plätze umfasst. Man schleppt zwei Mitarbeiter des Paulus mit in das Theater. Paulus selbst will auch hingehen, wird aber von den Christen und auch von hohen Beamten davon abgehalten, es hätte den Tumult nur noch verstärkt. Der Vorwurf, den Artemiskult zu zerstören, wird nicht nur Christen, sondern auch Juden gemacht. Die Juden schicken deshalb ihren Vertreter, Alexander, vor, der gar nicht erst angehört wird. Da tritt der Stadtschreiber auf und besänftigt die Menge. Er hat Angst, die Römer könnten gewaltsam einschreiten, weil sie auf jeden Tumult allergisch reagierten.

Doch was hat diese malerische Szene heute für eine Bedeutung? Paulus begegnet hier einigen Tendenzen des damaligen Heidentums: Zauberbücher und Artemiskult und dessen Verbreitung durch die Herstellung von silbernen Devotionalien. Diesen Tendenzen begegnen wir heute genauso wie damals. Schon damals war die griechische Aufklärung stark. Aber trotz der Aufklärung behaupteten sich diese magischen Praktiken und der veräußerlichte Götterkult.

Das ist heute ähnlich. Auf der einen Seite sind wir aufgeklärt, auf der anderen Seite werden auch heute noch in vielen Kreisen magische Praktiken angewandt. Auch hier werden Zauberbücher benutzt, um damit eine magische Wirkung zu erzielen. Der Devotionalienhandel betrifft nicht nur katholische Pilgerstätten, sondern auch den Handel mit vielen Kultgegenständen, die man heute einfach haben muss.

Die christliche Predigt von der Freiheit gegenüber dem Konsumrausch widerspricht dem magischen Denken, das immer mehr Wachstum einfordert, damit es der Wirtschaft gut geht. Es gibt viele heidnische Tendenzen, die durch die christliche Predigt infrage gestellt werden. Und diese Tendenzen wehren sich auch heute gegenüber der Botschaft von Jesus Christus. Er braucht keine Bestätigung von immer mehr und von ständigem Wachstum. Paulus reagiert auf den Tumult, indem er den Brüdern Mut zuspricht (Apostelgeschichte 20,1). Sie sollten klar bleiben, aber er selbst reist ab. Er möchte die feindliche Stimmung gegen die christliche Lehre nicht noch mehr aufheizen. Diese Haltung wird auch von uns verlangt. Wir sollten bei allen aufgeregten Reaktionen, wie sie heute in den Medien oft dargestellt werden, ruhig bleiben, unseren Weg klar weitergehen, ohne ständig auf die Vorwürfe einzugehen. Das würde nur endlose Diskussionen nach sich ziehen. Klüger ist es, in aller Ruhe seinen Weg fortzusetzen.

17

Die Abschiedsreise und das Vermächtnis des Paulus

Nach dem Tumult von Ephesus verabschiedet sich Paulus von der dortigen Gemeinde und macht sich auf eine Abschiedsreise. Er besucht noch einmal die Gemeinden in Mazedonien und Griechenland, vor allem auch die Gemeinde in Korinth. Auf dieser Abschiedsreise hält Paulus in Troas eine abendliche Eucharistiefeier. Dabei predigt er so lange, dass ein junger Mann, der am offenen Fenster sitzt, einschläft und aus dem dritten Stock nach unten fällt und sofort tot ist. Doch Paulus, der sich gerade selbst auf seine Abschiedsreise in den Tod macht, erweckt den Toten zum Leben. Es ist ein Bild dafür, dass Paulus freiwillig in den Tod geht. Er hätte seinen Tod auch verhindern können. Doch er sieht darin den Willen Gottes. Der Heilige Geist hat es ihm geoffenbart.

Auf seiner Abschiedsreise geht Paulus nicht mehr nach Ephesus, sondern lässt die Ältesten der Gemeinde zu sich nach Milet rufen. Dort hält er eine Abschiedsrede, in der er nochmals zusammenfasst, was ihm in seiner Missionstätigkeit und in seiner Verkündigung wichtig war. Der belgische Benediktiner Jacques Dupont hat diese Abschiedsrede ausführlich interpretiert. Er versteht sie als Vermächtnis des Paulus für die Seelsorger. Paulus spricht nicht nur von sich selbst, sondern auch von den Pflichten des Seelsorgers, von der Heiligkeit des ihnen anvertrauten Amtes, von der Wachsamkeit, angesichts der den Gemeinden drohenden Gefahren und von der Uneigennützigkeit, die sie in ihrer Aufgabe auszeichnen soll (vgl. Dupont, 19). Er fordert die Seelsorger auf: Dient dem Herrn in Demut.

> Demut, Tränen und Prüfungen, das sind die Bedingungen, unter denen der Herr seinen Knechten ein Amt in der Kirche anvertraut.
>
> Dupont, 42

Und damit ermutigt Paulus die Seelsorger auch heute, die Botschaft Jesu mutig und frei zu verkünden. Paulus selbst hat in allem Freimut das Wort Jesu verkündet.

> Die Quelle seines Freimutes war die Liebe zu der ihm anvertrauten Gemeinde. Weil sein Herz eine Liebe erfüllte, die stärker war als der Tod, konnten ihn Gefahren nicht schrecken.
>
> Dupont, 62

Jacques Dupont hat gezeigt, dass Lukas bei dieser Abschiedsrede des Paulus Formulierungen benutzt, wie sie auch von griechischen Rednern verwendet worden sind. Paulus spricht ja hier zu Christen, die aus dem Heidentum kommen und nutzt eine Sprache, die sie als griechisch gebildete Menschen verstehen und die sie in ihren Herzen berührt. Das Wort »Ihr wisst, dass ich nichts von dem, was heilsam ist, zurückgehalten habe« (Apostelgeschichte 20,20), findet sich fast wörtlich bei einigen griechischen Autoren. So erklärt Demosthenes den Athenern:

》 Was ich sage, sage ich mit allem Freimut offen heraus, ohne etwas zurückzuhalten.

Dupont, 45

Lukas passt die Rede also wieder den Zuhörern so an, dass sie von dieser Abschiedsrede emotional berührt werden. In dieser Rede zitiert Paulus auch ein Wort Jesu. Doch dieses Wort haben die Exegeten weder in den Evangelien, noch in Quellen, die mündliche Überlieferungen von Jesu Worten aufgreifen, gefunden:

》 Geben ist seliger als nehmen.

Apostelgeschichte 20;35

Es ist ein typisch griechisches Sprichwort, das in der griechischen Literatur öfter zitiert wird. So kann Lukas die Botschaft Jesu, die Jesus sicher in ähnlicher Weise formuliert hat, den griechisch gebildeten Zuhörern vermitteln, indem er ihre Sprache spricht.

Anneliese Hecht interpretiert die Abschiedsrede des Paulus etwas anders. Sie sieht darin drei Teile:

Der erste Teil, in dem Paulus einen Rückblick auf sein persönliches Wirken hält, könnte für uns heute ein Beispiel sein, wie wir die Botschaft Jesu den Christen verkünden. Wie Paulus sein Wirken und seine Predigt zusammenfasst, zeigt uns, was die wesentlichen Punkte sind, die wir in der Verkündigung berücksichtigen sollten. Paulus sieht zurück auf »seinen unglaublichen Einsatz, die Widrigkeiten und Anfeindungen und seine Botschaft« (Hecht 107). Paulus hat das Evangelium von der Gnade Gottes verkündet (Apostelgeschichte 20,24). Er hat gepredigt, was heilsam ist für die Menschen, was sie brauchen, um angemessen leben zu können (Apostelgeschichte 20,20). Und er hat Juden wie Griechen »beschworen, sich zu Gott zu bekehren und an Jesus Christus, unseren Herrn, zu glauben« (Apostelgeschichte 20,21).

Die christliche Predigt ist also eine Einladung zur Umkehr, zum Umdenken. Wir sollen die Welt mit den Augen Gottes sehen, so wie Jesus es uns in seinen Worten verkündet hat. Und der Kern der christlichen Predigt ist, an Jesus Christus als unseren Herrn zu glauben. Jesus ist der Christus, der Messias, der uns von falschem Denken befreit und vom Festhalten an den Leidenschaften dieser Welt. Dieser Jesus soll in uns herrschen. Dann sind wir wahrhaft frei von der Herrschaft unserer Bedürfnisse und Leidenschaften.

Es sind also nur drei Kernsätze, mit denen Lukas die christliche Botschaft zusammenfasst. Der Erste ist der vom Vorrang der Gnade Gottes. Gott selbst handelt aus Gnade, aus seiner Liebe zu uns Menschen. Das wird in Jesu Handeln, aber auch in seinem Tod und seiner Auferstehung sichtbar. Das Zweite ist die Umkehr, das Umdenken und die Hinwendung zu Gott, die Abwendung von allen Götzen. Und das Dritte ist der Glaube an Jesus Christus. In ihm zeigt uns Gott, was für uns heilsam und nützlich ist. Es geht nicht um religiöse Leistung, sondern um das Vertrauen auf Jesus Christus, unseren wahren Retter und Erlöser, auf den Arzt unserer Seele.

Der zweite Teil der Predigt ist ein persönlicher Ausblick auf das, was Paulus erwartet: Er sieht sein Martyrium vor sich. Er sagt innerlich ja zu dem, was Gott ihm zumutet. Er versteht seinen Dienst als Geschenk Jesu. Jetzt gibt er es gerne an ihn zurück. Paulus spricht in diesem Ausblick sehr persönlich von sich. Er versteht seinen Einsatz für das Evangelium als »totale Hingabe, die nicht fragt: Was bekomme ich vom Leben, sondern was gebe ich den Bedürftigen, unabhängig von Widrigem oder dem Erfolg des Bemühens« (Hecht, 108).

》》 Im dritten Teil (VV28-35) blickt Paulus auf die Zukunft der Kirche, zuerst negativ auf jene »Wölfe«, welche die Gemeinden zerfleischen und mit Falschem beschwatzen, gegen die es gilt, wachsam zu sein und ihnen keinen Raum zu geben. Sodann sieht er positiv dorthin, wo Gottes Wort und seine Kraft geschenkt wird, die aufbauend wirken in der Kirche.

Hecht, 107

Lukas weiß also, dass die Zeit nach Paulus für die Gemeinden in Kleinasien nicht leicht war. Aber er bleibt nicht bei der Forderung nach Wachsamkeit stehen. Er vertraut auf die Gnade Gottes und auf die Wirkung des Wortes, »das die Kraft hat, aufzubauen und das Erbe in der Gemeinschaft der Heiligen zu verleihen« (Apostelgeschichte 20,32). Und er stellt drei mahnende Wünsche an die Gemeindeleiter: Die erste Wunsch ist, dass die Gemeindeleiter auf sich selbst achtgeben sollen. Das ist ein typisch griechischer Ausdruck, den Lukas liebt. Sie sollen auf die eigene Seele achten, damit sie gut mit den Menschen umgehen. Zweitens wünscht sich Lukas von den Gemeindeleitern Wachsamkeit gegenüber Irrlehrern, die auftreten werden. Und drittens sollen sie sich wie Paulus um jeden einzelnen abmühen und sich besonders der Schwachen annehmen (Apostelgeschichte 20,35).

Paulus schließt seine Rede mit dem Jesuswort:

》》 Geben ist seliger als nehmen.

Apostelgeschichte 20,35

Lukas führt dieses Wort damit ein, dass wir uns an die Worte Jesu erinnern sollen. Dieses Erinnern ist für Lukas sehr wichtig. Nach der Auferstehung Jesu mahnen die Engel die Frauen:

> Erinnert euch, wie er zu euch gesprochen hat, als er noch in Galiläa war.
>
> Lukas 24,6

Christsein heißt, sich immer wieder an die Worte erinnern, die Jesus selbst gesagt hat. Seine Worte sind der Maßstab, nach dem die Christen leben sollen.

Lukas wäre kein begnadeter Schriftsteller, wenn er die Abschiedsszene mit der Mahnung des Paulus beendet hätte. So schildert er noch in bewegenden Worten, wie Paulus niederkniet und mit allen gemeinsam betet. Statt die Jünger zu ermahnen, sie sollten beten, schildert Lukas eindrucksvoll, wie Paulus gebetet hat und wie sie selbst beten sollen. Lukas verbindet das Beten oft mit der Geste auf die Knie zu fallen. Es ist ein intensives Beten und es bleibt nicht ohne Wirkung:

> Und alle brachen in lautes Weinen aus, fielen Paulus um den Hals und küssten ihn; am meisten schmerzte sie sein Wort, sie würden ihn nicht mehr von Angesicht sehen.
>
> Apostelgeschichte 20,36-38

Es ist ein emotionaler Abschied. Die Christen überspringen nicht den Schmerz des Abschieds. Aber Lukas schildert sogleich nach diesem Abschiedsschmerz und auf dem Hintergrund des kommenden Martyriums den weiteren Weg des Paulus wie einen Siegeszug. Auf seinem letzten Weg erreicht Paulus den Höhepunkt seines missionarischen Wirkens. Er verkündet die Botschaft Jesu vor den römischen Statthaltern und dann zuletzt in Rom. Dort in Rom kann er ungehindert die Botschaft Jesu den Menschen – Juden wie Heiden – nahebringen.

Die Abschiedsrede des Paulus, so wie sie uns Lukas erzählt, ist für uns eine Einladung zu überlegen: Was ist das Zentrale und Wesentliche unserer Verkündigung? Wie können wir den Menschen von heute die Botschaft Jesu in einigen kurzen Sätzen zusammenfassen? Auch für uns geht es um den Vorrang der Gnade, um das Umdenken und darum, von Jesus so zu erzählen, dass die Zuhörer in ihm den Urheber des Heils und den Anführer und Anleiter zum wahren Leben erkennen. Die Mahnung, uns gegen Irrlehrer zu wappnen, klingt für uns heute konservativ. Wir sollen auf die reine Lehre achten. Doch es ist und bleibt eine wichtige Aufgabe, die Botschaft Jesu nicht zu verfälschen.

Zu jeder Zeit gibt es Tendenzen, die die christliche Botschaft verdunkeln. Damals waren es beispielsweise die Gnostiker. Heute könnte man sie mit manchen Esoterikern vergleichen, die viel versprechen und dadurch viele Menschen faszinieren. Aber die Gefahr ihrer Predigt ist, dass sie uns zur Flucht in die Grandiosität einladen, dass wir uns in unserer Spiritualität über die anderen Menschen stellen und uns als etwas Besonderes ansehen. Dagegen stellt Lukas die Predigt von dem, was heilsam und nützlich für uns ist, was uns wirklich im Leben trägt und uns hilft, unser Leben so zu leben, dass es Gottes Willen entspricht und dass wir heil und ganz werden, dass wir so werden, wie Gott es uns zugedacht hat.

Bei aller Wachsamkeit gegenüber falschen Lehren sollen wir aber der aufbauenden Kraft des Wortes Gottes trauen. Und wie Paulus sollen wir uns in unserer Verkündigung ganz auf den einzelnen Menschen einlassen. Anneliese Hecht deutet in dieser Richtung den emotionalen Abschied:

> Die starken Gefühle zum Schluss zeigen, dass Paulus als Verkünder seinen Hörer/innen nicht nur gegenübersteht, sondern sich tief auf sie einlässt.

Hecht, 108

Mich persönlich stellt die Abschiedsrede des Paulus vor die Frage, was ich denn zum Abschied den Menschen sagen möchte, die mir lieb sind. Was ist meine Botschaft an sie? Was wollte ich mit meinem Leben vermitteln? Was hat mich angetrieben? Wofür bin ich eingetreten? Was möchte ich jetzt bezeugen? Wie würde ich mein Leben in wenigen Worten zusammenfassen? Kann ich von mir auch sagen, dass ich dem Herrn in aller Demut diente und »nichts verschwiegen habe von dem, was heilsam ist« (Apostelgeschichte 20,20)?

18

Paulus in Jerusalem

Das Ziel der Abschiedsreise des Paulus ist Jerusalem. Von Jerusalem schildert Lukas, wie die dortigen Judenchristen auf die Heidenmission des Paulus reagieren. Jakobus kennt die Stimmung unter den Juden und beschreibt viele von ihnen als Eiferer für das Gesetz. Sie werfen Paulus vor, dass er die unter den Heiden lebenden Juden lehre, von Mose abzufallen. Gegen diese Stimmung sollte Paulus etwas unternehmen. So lädt Jakobus ihn ein, er solle sich als gesetzestreuer Jude zeigen, indem er die Kosten für das typisch jüdische »Nasiräer-Gelübde« auf sich nimmt, das vier Männer vor Gott geleistet haben. Und er solle sich mit ihnen im Tempel weihen.

》 So wird jeder einsehen, dass an dem, was man von dir erzählt hat, nichts ist, sondern, dass auch du das Gesetz genau befolgst,

Apostelgeschichte 21,24

Paulus ist zu diesem Zeichen seiner jüdischen Tradition bereit. Doch selbst diese versöhnende Geste überzeugt die Juden nicht, sie ergreifen Paulus und zerren ihn aus dem Tempel. Sie wollen ihn umbringen. Doch der Oberste der römischen Kohorte rettet Paulus aus ihren Händen, indem er ihn gefangennimmt.

Als Paulus ihn in Griechisch anspricht und ihn bittet, vor dem Volk sprechen zu dürfen, behandelt er ihn freundlich und kommt seiner Bitte sofort nach. So kann Paulus nochmals seine Bekehrungsgeschichte erzählen und damit seine Heidenmission rechtfertigen. Denn Gott selbst habe ihn zu den Heiden gesandt (Apostelgeschichte 22,21). Doch die Juden schreien ihn nieder und der Oberst muss Paulus erneut schützen.

Doch als der Hauptmann anordnet, ihn unter Geißelschlägen zu verhören, fragt Paulus ihn, ob jemand, der das römische Bürgerrecht besitzt, gegeißelt werden dürfe. Sofort wird er freundlich behandelt und der Oberst bekommt Angst, dass er den Paulus fesseln ließ, obwohl er ein römischer Bürger ist. Immer wieder möchte Lukas zeigen, dass die Christen von den römischen Behörden freundlich behandelt werden. Das sollte auch eine Mahnung an den römischen Staat sein, sich nicht von negativen Stimmungen gegen die Christen leiten zu lassen.

Die erste Rede, die Paulus hält, richtet sich an die Juden, die im Tempel versammelt waren. Jetzt ergibt sich die Möglichkeit, vor dem Hohen Rat zu sprechen. Hier gelingt es Paulus, den Hohen Rat zu spalten, indem er sich als Pharisäer bezeichnet. Und als Pharisäer verkündet er die Auferstehung, die die Sadduzäer ablehnen. So streiten die Pharisäer und Sadduzäer untereinander. Die Pharisäer treten für Paulus ein:

》》 Wir finden nichts Schlimmes an diesem Menschen. Vielleicht hat doch ein Geist oder ein Engel zu ihm gesprochen.
Apostelgeschichte 23,9

Hier zeigt Lukas nochmals, dass Paulus nicht gegen die jüdische Lehre verstößt, sondern sie sogar mit seiner Predigt erfüllt. Es sind in diesem Fall nur die Sadduzäer, die seine Botschaft ablehnen.

In der Nacht darauf hat Paulus einen Traum. Jesus selbst begegnet ihm im Traum und sagt zu ihm:

》 Hab Mut! Denn so wie du in Jerusalem meine Sache bezeugt hast, sollst du auch in Rom Zeugnis ablegen.

Apostelgeschichte 23,11

Jetzt ist das Thema der weiteren Erzählung klar: Paulus wird das Evangelium bis nach Rom tragen. Nach außen hin wird er dort sterben. Aber der eigentliche Sinn seiner Überführung nach Rom ist die Verkündigung der Botschaft Jesu in der Hauptstadt des Römischen Reiches. Und Paulus selbst hat seine Überführung gewollt, indem er an den römischen Kaiser appelliert.

Doch bis es zu diesem Appell kommt, erzählt Lukas spannende Szenen von einem geplanten Anschlag auf Paulus. Durch seinen Neffen weiß er davon und schickt nach dem Obersten um Hilfe. Und so befreit der Oberst den Paulus aus den Händen der Juden, indem er ihn mit zweihundert Soldaten und siebzig Reitern nach Cäsarea bringen lässt. Es ist ein feierliches Geleit, das dem Paulus da zuteil wird.

So kommt Paulus zum römischen Statthalter Felix. Felix lässt die jüdischen Ankläger kommen, damit sie ihre Vorwürfe vorbringen. Paulus bekommt noch einmal die Gelegenheit, sich zu rechtfertigen. Er beruft sich auf seine jüdische Erziehung. Und er bringt wieder die Auferstehung als das entscheidende Thema ein, weswegen ihn die Juden – gemeint sind die Sadduzäer – anklagen. Felix hat eine jüdische Frau. Er kommt eigens zu Paulus, damit er ihm über den Glauben an Jesus Christus berichtet.

>> Als aber die Rede auf Gerechtigkeit, Enthaltsamkeit und das bevorstehende Gericht kam, erschrak Felix und unterbrach ihn: Für jetzt kannst du gehen; wenn ich Zeit finde, werde ich dich wieder rufen.
Apostelgeschichte 24,25

Paulus genießt also das Wohlwollen des römischen Statthalters, der sich gerne mit ihm unterhält.

Die Geschichtsbücher zeichnen den römischen Statthalter Felix anders. Seine Regierungszeit war gezeichnet »durch Korruption, Härte und Ungerechtigkeit [...] Lukas geht es darum, bei allem persönlichen Versagen des Felix die Rechtmäßigkeit des Prozesses und damit das Unrecht der Anklage und die Unschuld des Angeklagten zu untermauern und gleichzeitig die Korrektheit römischer Instanzen im Verhalten gegenüber dem Christentum seiner Zeit einzufordern« (Kliesch, 148).

Dieses Anliegen des Lukas ist für uns heute nicht mehr aktuell. Aber auch heute leben wir als Christen in einem weltlichen Staat und die Frage bleibt, wie wir uns dem Staat gegenüber verhalten, ohne unsere Identität als Christen aufzugeben. Wir leben als Christen in einer kritischen Distanz zum weltlichen Staat, aber gleichzeitig so, dass wir auch Bürger des Staates sind und dazu beitragen, dass die Menschen im Staat in Frieden und Hoffnung leben können.

Nach zwei Jahren wurde Felix als Statthalter abgelöst und Porzius Festus übernahm seine Aufgabe. Die Hohenpriester zeigen Paulus bei Festus an und bitten ihn, Paulus nach Jerusalem zu bringen, da sie ihn unterwegs umbringen wollen. Doch Festus lädt sie zu sich nach Cäsarea ein. Als die Juden vor Festus Paulus anklagen, appelliert dieser an den Kaiser. Da bespricht sich Festus mit seinen Ratgebern und gibt Paulus den Bescheid:

>> An den Kaiser hast du appelliert; zum Kaiser sollst du gehen.
Apostelgeschichte 25,12

Mit diesem Wort ist die Reise des Paulus nach Rom besiegelt.

Vor der Abreise des Paulus beschreibt Lukas die Szene vom Antrittsbesuch des jüdischen Königs Agrippa mit seiner Frau beim römischen Statthalter. Dabei erzählt Festus dem König von Paulus. Agrippa ist sofort daran interessiert, ihm zuzuhören. So erhält Paulus nochmals die Gelegenheit, seine Geschichte und seine Bekehrung zu erzählen. Und er erzählt sie so, dass Agrippa und der römische Statthalter ihn verstehen können. Er denkt in seiner Rede sowohl an die Juden, die durch Agrippa vertreten sind, als auch an die Heiden. Und so begründet er seine Verkündigung:

>> [Ich] sage nichts anderes als das, was nach dem Wort der Propheten und des Mose geschehen soll: dass der Christus leiden müsse und dass er, als erster von den Toten auferstanden, dem Volk und den Heiden ein Licht verkünden werde.
Apostelgeschichte 26,22f

Er zeigt nochmals die Übereinstimmung seiner Botschaft mit den heiligen Schriften der Juden, die auch weiterhin für die Christen gültig bleiben. Und zugleich spricht er in Bildern, die den Griechen vertraut sind: Er wird allen Menschen ein Licht verkünden, das die Existenz der Menschen erhellen wird. Christus wird den Menschen die Augen öffnen, damit sie Gott in Wahrheit erkennen und auch die eigene Wahrheit entdecken.

Agrippa und Festus hören interessiert zu. Doch als Paulus von der Auferstehung Jesu spricht, unterbricht ihn Festus:

>> Du bist verrückt, Paulus! Das viele Studieren in den Schriften treibt dich zum Wahnsinn.

Apostelgeschichte 26,24

Die Auferstehung ist für Römer und Griechen nur schwer verständlich. Das ist der eigentliche Punkt, an dem manchmal die Botschaft bei Heiden scheitert. Lukas benutzt die Gefangenschaft des Paulus dazu, dass er vor den beiden römischen Statthaltern Felix und Festus und vor dem jüdischen König Agrippa seine Geschichte erzählt. Die römischen Statthalter hören wohlwollend zu. Aber sie verstehen letztlich nicht, was Paulus verkündet. Agrippa versteht und ist offensichtlich von Paulus fasziniert:

>> Fast überredest du mich dazu, mich als Christ auszugeben.

Apostelgeschichte 26,28

Agrippa und Festus sind sich einig, dass Paulus nichts tut, »worauf Tod oder Haft steht« (Apostelgeschichte 26,31). Doch weil Paulus an den Kaiser appelliert hat, können sie ihn nicht freilassen, sondern müssen ihn nach Rom überführen.

Es ist spannend, wie Lukas die Geschichte von der Gefangenschaft des Paulus erzählt. Und es wird dem Leser deutlich, dass Lukas das Schicksal des Paulus verklärt und als Siegesgeschichte ausgibt. Doch was bedeutet das für uns heute? Für mich spricht aus dieser Geschichte die Hoffnung, dass auch ich, ganz gleich, was mein Schicksal ist, bis zuletzt Zeugnis für Jesus Christus ablegen kann. Auch wenn mich der Tod erwartet, kann die Zeit bis zum Tod eine Zeit des Zeugnisses für Christus werden. Wenn ich die Diagnose einer schweren Krankheit bekomme, die zum Tod führen kann, dann muss ich nicht erschrecken. Vielmehr ist es meine Aufgabe, auf diesem letzten Weg in guter Weise Abschied zu nehmen. Auch wenn ich durch die Krankheit gefangen bin, kann diese Zeit für mich eine wertvolle Zeit werden, in der ich das Wesentliche anspreche, was mein Leben ausmacht. Und ich kann mir vorstellen, dass ich in Freiheit das Schicksal annehme, das mich erwartet. Angesichts des Todes werde ich herausgefordert, Rechenschaft darüber abzulegen, wie Gott mich in meinem Leben geführt hat und wie er mich jetzt auf dem letzten Weg führen möchte. So kann Gott alles, was mir widerfährt, in Segen verwandeln.

19

Die Reise nach Rom

Die letzte Reise nach Rom, wo Paulus den Märtyrertod erleiden wird, erzählt Lukas wiederum als Erfolgsgeschichte. Paulus ist zwar der Gefangene, aber er führt die Matrosen und den Hauptmann. Zunächst mahnt Paulus die Männer, sie sollten in Kreta überwintern. Denn er sehe, dass diese Fahrt mit Gefahr und großem Schaden verbunden sei. Doch der Hauptmann vertraut mehr dem Steuermann und dem Kapitän und sie fahren weiter. Aber kurz darauf bricht ein starker Sturm los, der das Schiff hin und her reißt. Alle bekommen Angst. Da ermutigt Paulus die Seeleute und alle an Bord:

» Verliert nicht den Mut! Niemand von euch wird sein Leben verlieren, nur das Schiff wird untergehen.
Apostelgeschichte 27,22

Und er beruft sich auf einen Engel, der ihm in der Nacht erschienen ist und ihm die Rettung verkündet hat. So landen sie schließlich mit einigen Schwierigkeiten in Malta. Auch dort übernimmt Paulus das Kommando und lässt alle essen, damit sie gekräftigt an Land kommen.

In Malta werden sie von den Einheimischen freundlich behandelt. Als beim Feuermachen sich eine Viper an der Hand des Paulus festbeißt, meinen alle, er sei ein Mörder:

> Die Rachegöttin lässt ihn nicht leben, obwohl er dem Meer entkommen ist.
>
> Apostelgeschichte 28,7

Doch Paulus schleudert die Viper ins Feuer und erleidet keinen Schaden. Da meinen die Leute, er sei ein Gott. Paulus, der dem Tod geweiht ist, wird von den Menschen auf Malta wie ein Gott verehrt. Publius, der viele Landgüter besaß, nimmt Paulus mit seinen Begleitern freundlich als seine Gäste auf. Da der Vater des Publius krank im Bett liegt, geht Paulus »zu ihm hinein und betete; dann legte er ihm die Hände auf und heilte ihn« (Apostelgeschichte 28,8). Daraufhin kommen auf einmal andere Kranke auf der Insel, um von Paulus geheilt zu werden. Viele werden gesund und Paulus wird mit vielen Ehren überhäuft. Beim Abschied erhält er viele Geschenke, es ist also trotz der heiklen Lage ein Triumphzug des Paulus nach Rom.

Als das Schiff in Puteoli eintrifft, wird Paulus von christlichen Brüdern empfangen. Dort gibt es offensichtlich schon eine christliche Gemeinde. Paulus bleibt sieben Tage bei ihnen, dann ziehen sie weiter nach Rom. In Rom darf Paulus allein in einer Mietwohnung leben, die nur von einem Soldaten bewacht wird. Paulus wendet sich zuerst wieder an die Juden und erzählt ihnen seine Geschichte. Dabei gibt er als Grund seiner Gefangenschaft an:

>> Um der Hoffnung Israels willen trage ich diese Fesseln.

Apostelgeschichte 28,20

Paulus gibt sich hier als Jude aus. Weil er die Hoffnung Israels verkündet, wurde er gefangen genommen. Die Hoffnung Israels besteht für Lukas »vor allem in drei Dingen: in der Messiasverheißung, in der Erwartung der Auferweckung der Toten, in der Vergebung der Sünden« (Mußner, 10). Diese drei Hoffnungen sind in Jesus Christus erfüllt worden. Die Sadduzäer glauben nicht an die Auferstehung, die Pharisäer folgen ihm nicht darin, dass die Hoffnung Israels in Jesus Christus erfüllt worden ist.

Die jüdische Gemeinde in Rom hat nichts gegen Paulus gehört. So machen sie mit ihm aus, nochmals zusammen zu kommen. Jetzt erklärt ihnen Paulus einen ganzen Tag lang die Botschaft Jesu. Er versucht, sie vom Gesetz des Mose und von den Propheten aus für Jesus zu gewinnen. Er verkündet Jesus offensichtlich als die Erfüllung jüdischer Sehnsüchte und benutzt dafür die Bibel als Grundlage seiner Argumentation. Ein Teil der Juden lässt sich durch die Worte des Paulus überzeugen, der andere nicht. So schließt Paulus seine Rede mit einem Zitat aus dem Propheten Jesaja von der Verstockung und mit der Zusage des Heils an die Heiden:

>> Darum sollt ihr nun wissen: Den Heiden ist dieses Heil Gottes gesandt worden. Und sie werden hören.

Apostelgeschichte 28,28

Wir tun uns heute mit dieser scharfen Abgrenzung der Heidenchristen gegenüber den Juden schwer. Lukas ist ohne Ressentiments gegenüber den Juden, er schildert viele wohlwollend. Er zeigt klar, dass die Juden nicht vom Heil ausgeschlossen sind. Die Christen haben ihre Wurzeln in den Verheißungen Gottes an die Väter. Und Lukas ist voller Hoffnung, dass sich nicht nur die einzelnen Juden bekehren, sondern immer mehr Juden Jesus als Messias erkennen.

Auch das Verstockungsmotiv spricht »nicht gegen diese hoffnungsvolle Perspektive« (Zmijewski, 886). François Bovon meint, dass auch die letzten Worte der Jesajaworte positiv gedeutet werden können: »damit sie sich bekehren und ich sie heile« (Bovon, 886). Lukas hat immer eine offene Sprache, die Einheitsübersetzung sieht diesen Text allerdings pessimistischer, wenn sie übersetzt: »damit sie sich nicht bekehren und ich sie nicht heile« (Apostelgeschichte 28,27). Doch im griechischen Text steht kein »nicht«. So lässt Lukas die Hoffnung offen, dass auch die Juden sich bekehren und Gott sie heilt. So rechtfertigen die Worte des Lukas auf keinen Fall antisemitische Tendenzen, weder in der Theologie, die manchmal die jüdischen Wurzeln vernachlässigt hat, noch in der Spiritualität der Christen, die sich oft genug über die Juden erhoben und auf sie feindselig herabgeschaut haben. Lukas schürt mit seinen Worten keine Feindseligkeit, sondern Versöhnung. Er schreibt immer respektvoll von den Juden, auch wenn sich ein Teil gegen Paulus wendet und ihm Leid zufügt.

Lukas beschließt die Apostelgeschichte mit der Beschreibung des Wirkens des Paulus in Rom. Volle zwei Jahre konnte Paulus in seiner Mietwohnung bleiben und allen, die zu ihm in die Mietwohnung kommen, »ungehindert und mit allem Freimut« (Apostelgeschichte 28,31), die Botschaft Jesu verkünden. Das heißt: Er hatte keine Angst mehr vor den Folgen seiner Predigt, sondern verkündete jedem, der offen war für seine Worte, Juden wie Heiden, die Botschaft Jesu. Der griechische Text der Apostelgeschichte endet mit diesen beiden Worten: »ungehindert und mit allem Freimut«. Damit beschreibt Lukas die Zukunft der Kirche. Sie kann mutig und in aller Freiheit das Evangelium Jesu verkünden. Und sie wird zur Weltkirche, die von Rom als der Hauptstadt der Welt aus die Botschaft allen Menschen auf der ganzen Welt verkündet, ohne Behinderung durch den Staat.

Lukas will in den letzten beiden Kapiteln nicht nur die Bedeutung des Apostels Paulus aufzeigen und den Übergang von den christlichen Juden zu einem Christentum, das offen ist für die Heiden, endgültig besiegeln. Er hat auch eine andere Absicht: Er möchte das Wohlwollen des römischen Staates gegenüber dem Christentum beschreiben. Und das Wort »ungehindert« drückt seine Hoffnung aus, dass der römische Staat auch in Zukunft die Ausbreitung der christlichen Botschaft ungehindert zulässt. Lukas weiß vom gewaltsamen Tod des Paulus unter Nero. Doch Nero war auch als Kaiser bei den Römern nicht anerkannt. Er war nicht der typische Vertreter römischer Staatsmacht. Daher übergeht ihn Lukas und schreibt von den römischen Behörden positiv, in der Hoffnung, dass das auch in Zukunft so bleiben wird. Doch diese Hoffnung ist leider nicht erfüllt worden. Die Christen wurden unter Kaiser Domitian und dann unter zahlreichen Nachfolgern verfolgt und viele starben den Märtyrertod.

Auch heute werden Christen in aller Welt verfolgt. So möchte die Apostelgeschichte auch unserer Hoffnung Ausdruck verleihen, dass wir unsere christliche Botschaft »mit allem Freimut« – ohne Angst vor Verfolgung – und »ungehindert« – ohne Einschränkung auf bestimmte Gruppen – verkünden dürfen. Diese letzten beiden Verse der Apostelgeschichte ermutigen uns dabei, auch in einer Welt, die uns feindlich gegenübersteht, mit Freimut die Botschaft Jesu zu verkünden. In dem Vertrauen, dass diese Botschaft heilsam und befreiend für die Menschen ist. Eine Botschaft, die sie zum Umdenken und Umkehren aufruft, die ihnen aber zugleich verheißt, dass sie heil und ganz werden, dass sie zu ihrem wahren Selbst finden, wenn sie Jesu Worten trauen. Denn die »soteria«, die für Lukas mit den Namen Jesu verbunden ist, meint nicht nur Rettung und Heilung, sondern immer auch: Bewahren des wahren Selbst, des inneren Wesens des Menschen. Die Botschaft Jesu entspricht der wahren Humanitas, von der die römischen Philosophen Seneca und Cicero geschrieben haben. Sie ist die Erfüllung jüdischer wie römischer Sehnsucht. Und wie wir heute sagen können: die Erfüllung der Sehnsucht aller Religionen und aller Kulturen und Völker.

# 20

Die Heilungsgeschichten in der Apostelgeschichte

Lukas erzählt uns immer wieder von Heilungsgeschichten. Petrus und Johannes heilen den Gelähmten an der Schönen Pforte des Tempels. Petrus weckt die gestorbene Tabita wieder auf. Paulus heilt den Gelähmten in Lystra und weckt den toten Jüngling wieder auf, der bei seiner Predigt eingeschlafen und aus dem dritten Stock gefallen war. Von Petrus erzählt Lukas, dass man die Kranken auf die Straßen trug, »damit, wenn Petrus vorüberkam, wenigstens sein Schatten auf einen von ihnen fiel« (Apostelgeschichte 5,15). Als Paulus in Ephesus war, wirkte Gott viele Wunder durch seine Hand:

》 Sogar seine Schweiß- und Taschentücher nahm man ihm vom Körper weg und legte sie den Kranken auf; da wichen die Krankheiten, und die bösen Geister fuhren aus.
Apostelgeschichte 19,12

Lukas verfolgt mit diesen Heilungsgeschichten zwei Absichten: Zum einen möchte er zeigen, dass die Jünger Jesu im Namen und im Geist Jesu ähnliche Wunder vollbringen können wie Jesus selbst. Zum anderen bieten die Heilungen Petrus und Paulus jeweils Gelegenheit, über das Evangelium zu sprechen.

Doch für mich ist es wichtiger, zu fragen, was diese Heilungsgeschichten für uns heute bedeuten. Zum einen können wir diese Heilungsgeschichten bildhaft auslegen als Beschreibung unserer eigenen Heilung. Zum anderen sind sie eine Herausforderung an uns, dass von unserer Predigt und unserer Seelsorge etwas Heilendes ausgeht. So möchte ich zunächst die Heilungsgeschichten der beiden Gelähmten bildhaft auslegen. Petrus und Johannes begegnen dem Mann, der von Geburt an gelähmt ist und von seinen Verwandten täglich an die Schöne Pforte des Tempels getragen wird, damit er um Almosen bettelt. So bittet er auch Petrus und Johannes. Doch Petrus sagte zu ihm:

》》 Silber und Gold besitze ich nicht. Doch was ich habe, das gebe ich dir: Im Namen Jesu Christi, des Nazoräers, geh umher.
Apostelgeschichte 3,6

Petrus nimmt den Gelähmten an der Hand und richtet ihn auf.

》》 Sogleich kam Kraft in seine Füße und Gelenke; er sprang auf, konnte stehen und ging umher.
Apostelgeschichte 3,7f

Da die Apostel vom Geist Jesu erfüllt sind, geht von ihnen eine Kraft aus, die auch den Gelähmten, der ohne Kraft ist, wieder aufrichtet. Ähnlich beschreibt Lukas den Gelähmten in Lystra. Er ist von Geburt an gelähmt und sitzt »ohne Kraft in den Füßen da« (Apostelgeschichte 14,8). Die beiden Heilungen zeigen uns, dass von der Botschaft Jesu eine Kraft ausgeht, die uns aufrichtet. Wenn wir uns von Jesus Christus aufrichten lassen, dann vermögen wir auch die Botschaft Jesu so zu verkünden, dass wir die Menschen aufrichten, dass wir ihnen Mut schenken, zu sich zu stehen, aufrecht zu gehen. Die Botschaft Jesu will die Menschen von ihren Hemmungen und Blockaden befreien, von ihren Ängsten und Schwächen.

Ähnlich können wir die beiden Totenerweckungen auslegen. Von Tabita erzählt Lukas, dass sie viele gute Werke tat und reichlich Almosen gab. Sie machte Röcke und Mäntel für die Witwen. Petrus betet für sie. Und sie kommt wieder mit ihrer Kraft in Berührung (Apostelgeschichte 9,36-43). Das Gebet hat die Kraft, Menschen, die innerlich tot sind, wieder zum Leben zu erwecken. Wenn Menschen die Kraft des Gebetes erfahren, dann sind sie bereit, der Botschaft Jesu zu glauben.

Rudolf Pesch meint, es sei legitim, die Erweckung der Tabita auch als Symbolgeschichte zu interpretieren.

》 Diese Totenerweckung könnte als Muster verstanden sein, wie Christen mit dem Tod heilig lebender Schwestern und Brüder umgehen dürfen. Es geht dabei weniger um eine Verehrung der Heiligen als um eine Aufrüttelung der ganzen Gemeinde, um ein neues Wachwerden des Glaubens durch die Toten, die so lebendig zur Gemeinde sprechen.
Pesch 1,326

Tabita tat ja viel Gutes vor allem für die Armen. So soll ihr Beispiel lebendig bleiben in der Gemeinde. Sie soll das Engagement für die Armen wachhalten.

Der junge Mann, der während der Predigt des Paulus aus dem Fenster fällt und stirbt, könnte ein Bild für Menschen sein, die ihre Spiritualität nicht zum Leben führt, sondern die sich von ihr einlullen lassen und dann dem Leben aus dem Weg gehen. Doch indem Paulus den jungen Mann wieder zum Leben erweckt, werden alle Anwesenden voller Zuversicht, sie werden getröstet und gestärkt. Der Glaube will uns also ins Leben führen, damit wir Boden unter den Füßen haben und mitten im Leben stehen. Außerdem will uns Lukas mit dieser Erzählung vielleicht ermahnen, dass wir nicht einschlafen, wenn wir die Worte der Verkündigung hören, sondern uns wachrütteln lassen (Apostelgeschichte 20,7-12). Rudolf Pesch deutet dieses Wunder nicht als therapeutische, sondern als diagnostische Aktion (Pesch 2,192). Paulus wirft sich über den Knaben und erkennt, dass »seine Seele in ihm ist« (Apostelgeschichte 20,10). Dann wäre die Erzählung des Lukas eine Einladung für die Seelsorger, in den Menschen, die andere abgeschrieben haben, ihre lebendige Seele zu erkennen, ihre Sehnsucht nach Gott und nach wahrer Lebendigkeit wahrzunehmen.

Die beiden Sammelberichte von den Heilungen des Petrus (Apostelgeschichte 5,12-16) und des Paulus (Apostelgeschichte 19,11f) kommen uns heute übertrieben vor. Doch sie zeigen, dass von den Aposteln eine heilende Kraft ausging. Und sie sind für uns eine Herausforderung, dass eben auch von unserem Wirken etwas Heilendes für die Menschen ausgeht. Wir dürfen uns nicht selbst als Heiler bezeichnen. Damit würden wir uns über die Menschen stellen und wären in Gefahr, uns selbst die heilende Kraft zuzuschreiben. Aber wir dürfen auch heute erfahren, dass Menschen uns sagen, dass wir ihnen guttun.

Manchmal erzählen mir Leute, dass sie in Zeiten, da es ihnen schlecht ging, meine Bücher lasen und jeden Tag einen Text daraus meditierten. Das hätte ihnen gutgetan und sie aus der Krise herausgeführt. Ich bin dankbar, wenn ich so etwas höre, aber ich bilde mir nichts darauf ein. Ich weiß, dass es nicht mein Verdienst ist, sondern dass dann Gott meine Worte benutzt, um die Menschen aufzurichten. Ich habe selbst auch erfahren, dass mir Bücher geholfen haben, Krisen zu überwinden. Ich denke da vor allem an die Bücher von Henri Nouwen, die mich aufgerichtet haben, als ich wenig innere Kraft in mir spürte.

Wir dürfen als Christen dankbar sein, wenn Gott durch unsere Worte, unser Tun und die Begegnungen seine heilende Kraft in den Menschen wirkt. Es ist immer die Gnade Gottes, die durch uns wirkt, nie unser Verdienst. Aber damit Gott durch uns seine heilende Kraft zu den Menschen sendet, müssen wir durchlässig sein für seine Gnade. Wir dürfen uns nicht in den Mittelpunkt stellen, als ob wir den anderen heilen könnten. Unser Ego muss zurücktreten, damit Gott in uns und durch uns wirkt. Petrus und Paulus heilen nicht aus eigener Kraft, sondern immer im Namen Jesu. Sie sprechen den Menschen die Kraft Jesu zu. Unsere Worte werden nur dann heilsam auf die Menschen wirken, wenn sie frei vom Bewerten, Moralisieren und Verurteilen sind, und wenn sie von allem egoistischem Prahlen, als ob wir selbst heilen könnten, befreit werden. Gott berührt die Menschen auf heilsame Weise durch unsere Worte, wenn wir in unserem Sprechen die Herzen der Menschen berühren und sie mit ihrer tiefsten Sehnsucht in Berührung bringen.

Schluss

Lukas ist ein exzellenter Erzähler. Die Geschichten der Apostelgeschichte sind wunderbar aufgebaut und spannend erzählt. Und Lukas ist ein Schriftsteller, der sich in der griechischen Literatur und in der griechischen Philosophie auskennt, der aber auch die Heilige Schrift kennt. Oft schreibt er in einem Stil, der dem der Septuaginta – der griechischen Übersetzung des Alten Testamentes – gleicht. Er hat die Fähigkeit, Juden und Griechen in gleicher Weise anzusprechen. Seine Sprache ist immer eine dialogische Sprache. Er führt den Dialog mit der jüdischen Weisheit, der griechischen Philosophie und immer den Dialog mit den Lesern und Leserinnen. Und er passt seine Sprache immer den Gegebenheiten an.

Zu Festus und Agrippa lässt Lukas den Paulus in einer juristischen Sprache sprechen. Das ist eine Kunst, die Lukas wunderbar versteht: sich mit seiner Sprache immer auf die Angesprochenen einzustellen, sodass die Worte wirklich ins Herz eindringen und nicht an ihnen vorbei gehen.

Damit erweist sich Lukas zugleich als hellenistischer Schriftsteller:

》》 Denn dem Stilgefühl der hellenistischen Welt wie der griechisch-römischen Antike überhaupt galt als grundlegendes

Prinzip aller ernst zu nehmenden literarischen Tätigkeit, dass sich der behandelte Gegenstand und die zu dessen Darstellung erwählte äußere Form jeweils zu entsprechen hätten.

Plümacher, 26

So kann Lukas sich nicht nur auf die Stimmung der beschriebenen Personen einstellen. Er spricht mit seiner Schrift auch alle Schichten von Lesern an: Die durch griechische Philosophie und Literatur gebildeten Menschen, aber auch die in der jüdischen Tradition beheimateten Menschen, gebildete und ungebildete, reiche und arme, Handwerker und Kaufleute, aber auch Bauern und Sklaven. Alle werden sich bei der Lesung der Apostelgeschichte angesprochen fühlen, jeder natürlich durch andere Passagen.

Wenn ich die Apostelgeschichte im Blick auf unsere heutige Verkündigung lese, so möchte ich drei Desiderate an unser heutiges Sprechen von Gott und von Jesus Christus herausstellen.

1.

Unsere Verkündigung darf nicht nur theoretisch sein. Sie soll einen erzählerischen Stil haben. Wenn wir Geschichten erzählen, hören die Menschen zu. Geschichten verwandeln die Menschen. Geschichten zu erzählen ist etwas anderes, als eine Moralpredigt zu halten, denn Moralisieren vermittelt den Zuhörern ein schlechtes Gewissen. Geschichten bringen die Menschen in Berührung mit ihren eigenen Möglichkeiten, sie lassen dem Hörer die Freiheit, darauf zu reagieren. Geschichten wirken unbewusst in uns. Sie verwandeln uns und bringen uns so ohne äußeren Druck in Berührung mit den Werten, die sie uns vermitteln. Lukas erzählt uns Geschichten, wie Gott durch die Menschen gewirkt hat. Das gehört auch zu unserem Christsein, dass wir uns gegenseitig die Geschichten davon erzählen, wie wir Gott in unserem Leben erfahren, was Gott an uns tut, wie Jesus selbst in unserer Mitte erfahrbar wird. Urbild dieser Erzählkunst sind die Emmausjünger:

》》 Da erzählten auch sie, was sie unterwegs erlebt und wie sie ihn erkannt hatten, als er das Brot brach.
Lukas 24,35

Wir sollen einander erzählen, was wir auf unserem Lebensweg erleben und wie uns immer wieder einmal die Augen aufgehen und wir Christus, den Auferstandenen, in unserer Mitte erfahren.

2.

In unserer Verkündigung geht es darum, in den Dialog mit der heutigen Welt zu treten. Das bedeutet zum einen, einen Dialog mit der heutigen Philosophie, Psychologie und den naturwissenschaftlichen Fächern wie Medizin, Gehirnforschung oder Quantenphysik zu führen. Sie fordert aber auch den Dialog mit der heutigen Literatur, mit Lyrik und mit den Romanen, die heute erscheinen.

Aber vor allem sollten wir im Dialog sein mit den Menschen, zu denen wir sprechen. Zu einem Dialog gehört, dass wir zuerst einmal auf das hören, was die Menschen heute denken und was sie im Innersten bewegt. Es ist ebenso nötig, dass wir den Menschen Fragen stellen. Wir sollen sie nicht ausfragen, sondern ihnen ermöglichen, durch unsere Fragen das zu formulieren, was sie wirklich denken. Das deutsche Wort »Frage« kommt von »Furche«. Wir graben durch unsere Fragen eine Furche in den Acker der Seele, damit dann auf diesem Acker die Frucht aufgehen kann. Wir sollen auf das, was die Menschen uns erzählen, keine abstrakte Antwort geben. Antwort heißt eigentlich: ein Wort »ante«, das heißt »vor« dem anderen, im Angesicht des anderen aussprechen. Die Antwort sprechen wir also immer in das Gesicht des anderen. Wenn ich den anderen anschaue, dann kann ich keine Antwort geben, hinter der ich mich verstecke. Dann wird es eine Antwort sein, die diesem konkreten Menschen gilt, die ich vor ihm und vor mir verantworten kann. Und es wird eine Antwort sein, die ich ehrlich vor meinem eigenen Gewissen verantworten kann.

Zum Dialog gehört auch, ihn mit den Menschen verschiedener Religionen zu führen. In der Apostelgeschichte führt Lukas den Dialog mit Juden und Heiden. Das bedeutet für uns einmal den Dialog mit der jüdischen Religion und mit den anderen Religionen zu führen. Aber für mich stehen die Juden in der Apostelgeschichte nicht nur für die damaligen Vertreter des Judentums. Für mich sind sie zugleich Symbol für die Christen, die wie damals die Juden in einer festen Tradition stehen, die von der kirchlichen Praxis geprägt sind und ihr Leben aus dem überlieferten Glauben leben. Und die Heiden stehen für all die Menschen, die kaum Berührung haben mit der christlichen Botschaft, die außerhalb der Kirche, aber dennoch spirituell suchende Menschen sind. Und doch sind sie oft genauso offen, wie es damals die Heiden für die Botschaft der Apostel waren. Ein Dialog verlangt, dass wir uns auf jede Gruppe einlassen, dass wir an ihre Sprache anknüpfen, aber dann doch das genuin Christliche aussprechen. Wir brauchen eine Sprache, die den Menschen, die fest im Glauben stehen, guttut, die sie in ihrem Glauben bestärkt. Und es ist gut, wenn wir auch fähig sind, zu Menschen, die weniger religiös begabt sind, so zu sprechen, dass wir auch ihre Herzen erreichen.

3.

Unsere Verkündigung soll den Menschen das Heil zusagen, das in Jesus Christus und in seinem Leben und Sterben für uns alle geschehen ist. Daher hat Verkündigung immer eine therapeutische Dimension. Sie hat frei zu sein vom Bewerten und Moralisieren. Sie soll die heilenden Kräfte im Menschen ansprechen. Und sie soll ihnen Wege aufzeigen, wie sie mit ihren Ängsten und Zwängen, mit ihrer Niedergeschlagenheit und ihrer inneren Leere umgehen können. In unseren Worten soll etwas von der heilenden Kraft Jesu erfahrbar werden. Das geschieht, wenn unsere Worte ermutigen, aufrichten, Hoffnung schenken und Vertrauen ausstrahlen. Aber wie die Heilungsgeschichten der Apostelgeschichte zeigen, geschieht die Heilung nicht nur allein durch Worte, sondern durch Berührung, durch Begegnung, durch Umarmung. Heilung ist ein ganzheitlicher Prozess. Wie weit lassen wir uns auf die Menschen konkret ein? Begegnen wir ihnen so, dass sie sich berührt fühlen?

Zu einer heilenden Sprache gehört, dass wir die Sehnsucht der Menschen ansprechen. In jedem Menschen ist eine Sehnsucht nach Gott, nach dem Geheimnis. Und in jedem von uns ist die Sehnsucht nach Heil und Heilung. Wir sollen den Menschen nichts versprechen, ihnen keine Illusionen vermitteln, dass durch den Glauben alle Probleme gelöst und sie ganz gesund werden. Zur Verkündigung gehört auch, dass wir durch viele Drangsale in das Himmelreich eingehen, das heißt, dass auch Leid uns treffen und herausfordern kann. Aber der Glaube kann uns helfen, mit dem Leid umzugehen, das heißt, er kann uns die Angst vor dem Leid nehmen. Wir können akzeptieren, dass es einfach ein Teil unseres Lebens ist. Doch es wird uns nicht niederdrücken, sondern für Gott aufbrechen und uns einführen in das Himmelreich. Es wird uns also für den inneren Raum aufbrechen, für den Himmel in uns, in dem wir schon heil und ganz sind.

Lukas nennt Jesus den »Urheber des Lebens« – »archegos tes zoes«. Der Hebräerbrief nennt Jesus »archegos tes soterias« – »Urheber des Heils« (Hebräer 2,10). Man kann dieses Wort auch übersetzen mit »Anführer des Lebens« oder »Anführer zum Leben«. Damit nimmt Lukas Bezug auf die Kunst des gesunden Lebens, wie sie die griechischen Ärzte lehrten. Das Evangelium nach Lukas schildert Jesus als den wahren Arzt, der uns einführt in diese Kunst, wie unser Leben gelingt. In der Apostelgeschichte erzählt uns Lukas Geschichten, wie die Apostel Jesu Lehre weitergeben. Lukas unterscheidet die Verkündigung der Apostel von der Lehre, die sie den Christen erteilen. Die Verkündigung bezieht sich auf das Wirken Gottes in der Auferstehung Jesu und auf das Kommen des Reiches Gottes in Jesus Christus. Die Apostel verkünden, was Gott in der Geschichte getan hat und was er heute an uns tut. Die Lehre der Apostel bezieht sich auf die Worte Jesu, auf seine Lehre vom gesunden, vom gelingenden Leben.

Es sind Worte, die aber nicht rational belehren, sondern die das Herz der Menschen erwärmen, so wie Jesus das mit seinen Worten den Emmausjüngern gegenüber getan hat (Lukas 24,32). Und es sind Worte, die Jesus aus Vollmacht heraus gesprochen hat. Die Zuhörer waren von Jesu Lehre sehr betroffen, »denn er redete mit Vollmacht« (Lukas 4,32). Im Griechischen steht hier: »en exousia en ho logos autou« – »in Vollmacht erging sein Wort«. »Exousia«

kann man auch so übersetzen: Jesus sprach aus dem Sein heraus, aus seinem innersten Wesen heraus. Seine Worte bringen die Menschen mit ihrem wahren Sein, mit ihrem wahren Wesen in Berührung. Daher sind sie heilsam. Wenn der Mensch seinem Sein entsprechend lebt, dann ist er gesund, dann lebt er die Kunst des gesunden Lebens, wie sie die griechischen Ärzte verkündet haben.

Für uns bedeutet das, dass wir nicht moralisierend predigen, dass wir den Menschen in erster Linie nicht sagen, was sie sollen, sondern wer sie sind. Wir sollen von der Botschaft Jesu aus den Menschen zeigen, was ihr wahres Wesen ist, was ihre tiefste Sehnsucht ist, und wie sie so leben können, dass sie in Einklang sind mit ihrem wahren Selbst, mit dem Wesen des Menschen, so wie Gott es geschaffen hat als sein Bild und Gleichnis. Die Hörer der Apostel sind voll Freude über deren Worte. Sie spüren, wer sie eigentlich sind, wenn sie Jesus als ihren Herrn anerkennen. Dann werden sie wahrhaft frei, dann haben sie teil an seiner Auferstehung, dann können sie aufgerichtet und aufrecht ihren Weg gehen.

So wünsche ich allen Lesern und Leserinnen, dass sie mit neuem Interesse die Apostelgeschichte lesen, sich von dem wunderbaren Erzähler Lukas beeindrucken lassen und davon in ihrem Glauben gestärkt werden und dass sie durch das Lesen selbst eine Sprache finden, wie sie die Menschen ansprechen können, die sie nach ihrem Glauben fragen.

Literatur

Dieter Bauer
Zwischen Ideal und Wirklichkeit –
Die »Urgemeinde von Jerusalem«
   in: Entdecken: Apostelgeschichte: Lese- und Arbeitsbuch
   zur Bibel, Stuttgart 2004, 44-53

Jean-Paul Benoit
Combats d'Apotres pour une humanité nouvelle –
Traduction et commentaire du Livre des Actes des Apotres
   Paris 1957

Jacques Dupont
Paulus an die Seelsorger – Das Vermächtnis von Milet
   Düsseldorf 1966

Claudio Ettl
Aller Anfang ist leicht –
Die Pfingsterzählung (Apostelgeschichte 12,1-36)
   in: Entdecken: Apostelgeschichte: Lese- und Arbeitsbuch
   zur Bibel, Stuttgart 2004, 32-41

Ernst Haenchen
Die Apostelgeschichte
6. durchgesehene Auflage, Göttingen 1968

Anneliese Hecht
Blickwinkel: der Andere –
Drei missionarische Predigten an Juden, Griechen und Christen
in: Entdecken: Apostelgeschichte: Lese- und Arbeitsbuch
zur Bibel, Stuttgart 2004, 102-111

Hans-Josef Klauck
Anknüpfung und Widerspruch: das frühe Christentum in der
multireligiösen Welt der Antike
München 2002

Klaus Kliesch
Apostelgeschichte – Stuttgarter Kleiner Kommentar
Stuttgart 1986

Franz Mußner
Apostelgeschichte – Die Neue Echter Bibel
Würzburg 1984

Ralph Neuberth
Demokratische Konfliktlösung. –
Die Jerusalemer Versammlung (Apostelgeschichte 15)
in: Entdecken: Apostelgeschichte: Lese- und Arbeitsbuch
zur Bibel, Stuttgart 2004, 56-67

Henri J. M. Nouwen
Ich hörte auf die Stille –
Sieben Monate im Trappistenkloster
Freiburg im Breisgau 2001

Rudolf Pesch
Die Apostelgeschichte
Evangelisch-Katholischer Kommentar zum Neuen Testament,
2 Bände, Zürich 1986

Eckhard Plümacher
Lukas als hellenistischer Schriftsteller –
Studien zur Apostelgeschichte
Göttingen 1972

Gerhard Schneider
Die Apostelgeschichte –
Herders theologischer Kommentar zum Neuen Testament
2 Bände, Freiburg im Breisgau 1980

Josef Zmijewski
Die Apostelgeschichte –
Regensburger Neues Testament
Regensburg 1994

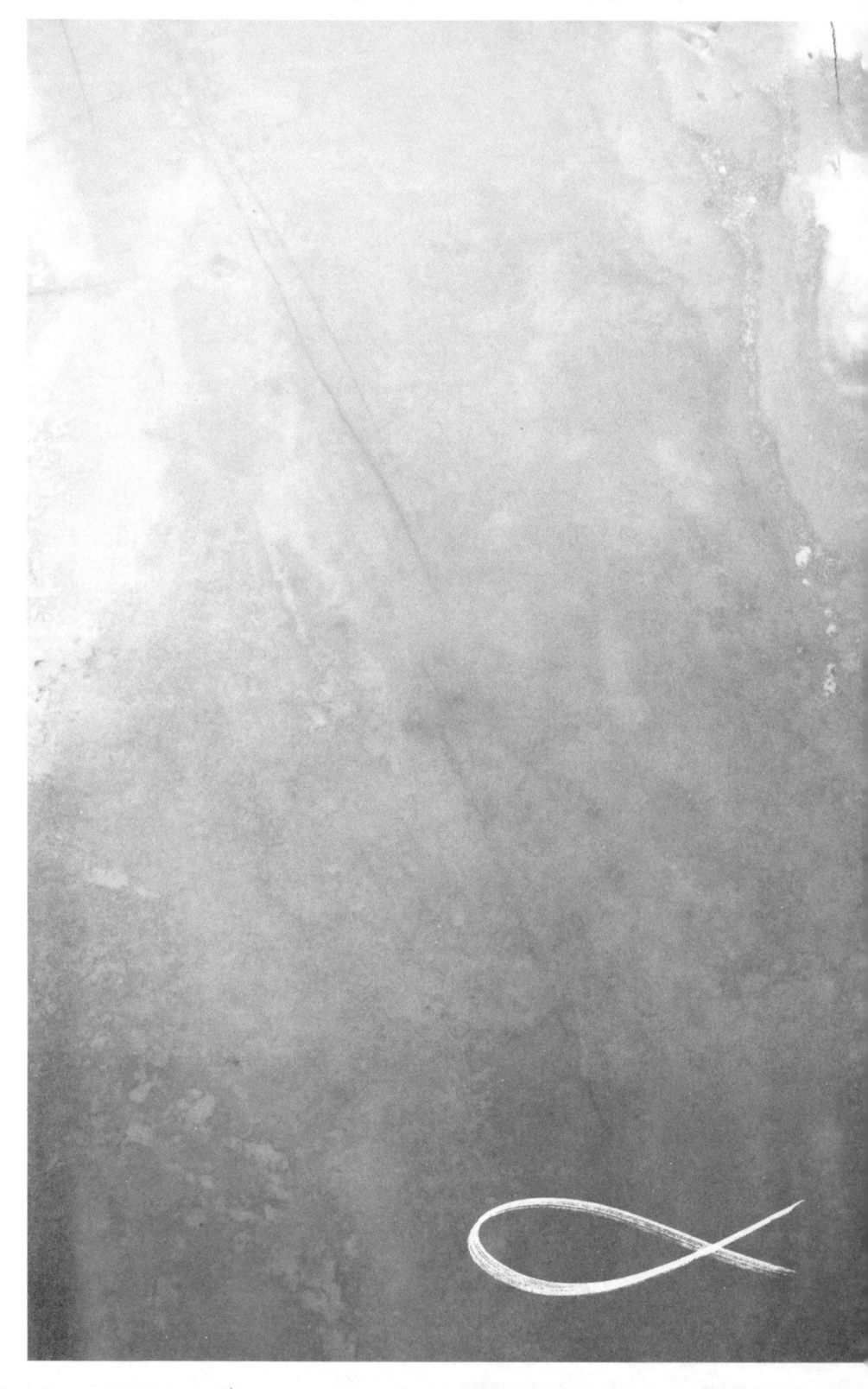